LA PARERGONALIDAD EN EL TEATRO

Deconstrucción del arte de la escena como coeficiente

de sus múltiples encuadramientos

Jorge Poveda

LA PARERGONALIDAD EN EL TEATRO

Deconstrucción del arte de la escena como coeficiente

de sus múltiples encuadramientos

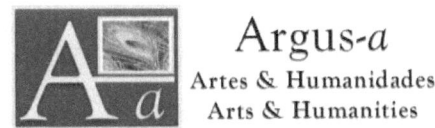

Buenos Aires, Argentina - Los Ángeles, USA
2019

LA PARERGONALIDAD EN EL TEATRO. *Deconstrucción del arte de la escena como coeficiente de sus múltiples encuadramientos*

ISBN 978-1-7323474-6-5

Ilustración de tapa: Vania Paola Bilen
Diseño de tapa: Argus-*a*.

© 2019 Jorge Poveda

All rights reserved. This book or any portion thereof may not be reproduced or used in any manner whatsoever without the express written permission of the publisher except for the use of brief quotations in a book review or scholarly journal.

Editorial Argus-*a*
16944 Colchester Way,
Hacienda Heights, California 91745
U.S.A.

Calle 77 No. 1976 – Dto. C
1650 San Martín – Buenos Aires
ARGENTINA
argus.a.org@gmail.com

DEDICATORIA

A la fauna camuflada que habita en los contornos de todo centro, dejando que reluzca con todo su potencial primitivo y atemporal.

A la periferia que paciente y entusiasmada arma la oscuridad idónea para el aparecimiento del fuego.

AGRADECIMIENTOS

A mi familia,
por ser el encuadramiento divino,
el marco dorado que me obsequia
la oportunidad de una existencia dichosa.

ÍNDICE DE CONTENIDOS

Introducción 1

Centro y periferia 3

La différance 13

Lo escénico y la extra-escénico 15

El arte en el limbo 21

Centro y periferia en el arte 23

El parergon 27

Sujetos parergonados 41

La propuesta 47

Discusión y conclusiones 55

Referencias 59

Anexos 65

INTRODUCCIÓN

¿Qué es lo hace que el arte sea arte? Y ¿por qué hay materiales que no pueden llegar a serlo cuando quizás rebasan en potencia y genuinidad a las obras propiamente dichas? El ejercicio discriminatorio que se da al construir una obra, inaugura de manera simultánea, una exterioridad de la que somos distraídos por la centralidad del arte, esta sustancia estructuralmente contrapuesta, bautizada como *parergon* por Kant y repensada por Derrida, se constituye como el objeto primordial de reflexiones de este ensayo.

El entendimiento de la obra de arte como algo deslindado de la realidad (en lugar de oposicionalmente dependiente de ella) merma las posibilidades de creación que se tendrían si se vislumbrara con mayor claridad el vínculo recíproco que fluctúa entre ambas circunscripciones. Para el estudio de la parergonalidad en el teatro comenzaré con una aproximación de lo que queda en los contornos del mismo, por lo que, se hará necesario revisar por medio de una ilustración histórica. la relación entre el arte y la realidad, como una dupla persistente sobre la que se cimienta el concepto de teatro.

Esta relación arte-realidad será la primera en ser desafiada valiéndome de la noción de la *differánce* derridiana, método útil para ejercer una deconstrucción respecto del aparente antagonismo absolutista que existe entre estos dos términos, y que será el recurso idóneo para arribar a una concepción del "arte en el limbo".

Tras esta experiencia, se revisarán otra serie de duplas que son a primeras luces mutuamente excluyentes como lo escénico y lo extra-escénico para desentrañar cuál es la dinámica que permite erigir lo céntrico y lo periférico en el arte de la escena. Este gesto de emparejamiento de los opuestos nos llevará a revisar el *parergon* como el contorno que tolera el perfilamiento de las formas, sin darles nunca la licencia para que acaben de enfrascarse sobre sí mismas, vulnerando una y otra vez su integridad. En el ánimo de comprender *cómo* es que éstas ágiles operaciones (surgimiento de la forma y una simultánea vulneración de la misma) se suscitan, nos volcaremos hacia *quién* las atraviesa: el *sujeto observador de arte*, quien se convierte, en la línea de lo planteado, en un confeso *sujeto parergonado y parergonante*.

Todo lo cual, arriba a una propuesta de composición escénica fundamentada en la comprensión de la estructura binaria de los significados, pero que sustituye el encogimiento de hombros por una celebración de la línea divisoria, haciendo de ella, un objeto de estudio, una brújula para ubicar las fugaces coordenadas de la periferia, con el fin de volcarnos hacia la misma reconociendo el potencial idóneo que tiene para la creación artística. Una dramaturgia de lo no dicho, de lo oscurecido, extrayendo del mutismo a todo lo que ha sido desplazado por el arte para ocupar su lugar, al menos hasta una próxima inversión del sentido.

Esta investigación, que es de una naturaleza primordialmente indagatoria, busca vislumbrar la mayor cantidad de manifestaciones posibles de la dimensión parergonal contrastada con la otra variable de estudio escogida, que es el acontecimiento teatral. Así, permitirá posicionar la idea de un actor que habla desde su lugar en el mundo, convirtiendo la topología de su propia experiencia en una dramaturgia honesta con la cual construir una obra de teatro en donde lo periférico cobra una merecida centralidad.

CENTRO Y PERIFERIA

> *El hablar de posiciones, de ubicaciones en las relaciones de poder, es lo que me ha conectado con las ideas de Centro y Periferia, la primacía de lo económico en su definición es lo que me ha conducido a esta re-conceptualización.*
> (Espiñeira 7)

Para la extrapolación de conceptos provenientes de otras disciplinas, habrá que desambiguarlos para aprovechar sus múltiples posibilidades. Así, se tomarán a las categorías de "centro" y "periferia", en su dimensión bicéfala: como objetos y como herramientas. En otras palabras: como fines en sí mismos pero también como medios.

Como objetos (fines en sí mismas): epistemes de interés investigativo, útiles para el desentrañamiento del fenómeno artístico en el ámbito de la escena.

Como herramientas (medios): artífices eficaces para leer otra clase de acontecimientos secundarios. Por su versatilidad permitirán ser usados en el entendimiento de otras teorías del arte así como de sucesos aledaños al acontecimiento escénico.

Por más ventajosa que resulte la aplicación de estas categorías (centro-periferia) en el campo de las artes escénicas, no seremos concesivos con ellas, por lo que, también estarán sujetas a revisión, buscando siempre alejarnos lo más posible de cualquier dogmatismo. Entonces su uso será de naturaleza fungible, y una vez que nos otorguen hallazgos relevantes para la búsqueda planteada por esta tesis, tendrán que ser desafiadas ellas también, sosteniendo una fidelidad a la dinámica de la deconstrucción. Una misión kamikaze que se interesa por la existencia de la obra de arte no como un ente ajeno a cualquier percepción (noúmeno) sino como un dardo que sólo asesta en tanto aparezca un jugador y un tablero que lo posibilite.

Cuando Raúl Presbich en 1950, en su "Teoría de la Dependencia", desarrolla las categorías de "centro y periferia" lo hacía bajo consideraciones mercantiles dentro de los, para entonces, novedosos contextos trans-nacionales. Hoy, estos dos términos, de los que han echado mano no solo las ciencias financieras, sino, y ostentosamente, las ciencias sociales, serán trasegadas a los estudios escénicos como artificio para entender la composición escénica a partir de lo extra-escénico, y no únicamente como algo ajeno o distinto a la escena, sino como el elemento que la sustenta y le otorga su sentido así como oportunidad de existencia. Por lo que, lejos de replegarnos ante teorías provenientes de otras disciplinas, usaremos su potencia y las iremos aterrizando al ámbito del arte. "En este sentido, re-conceptualizar el centro y la periferia nos ayudará a definir y delimitar la posición social que significa el ser periférico o céntrico en un orden" (Espiñeira 2).

Para tratar de entender los motivos por los que determinados materiales, acontecimientos y hechos, son rechazados de la realidad escénica y relegados fuera de ella, se requiere de aproximaciones sociales, económicas y filosóficas, no sólo por rigor epistemológico, sino porque precisamente al interior de estos otros campos del conocimiento es donde se han forjado las categorías de "centro y periferia", desde la post-colonización, los estudios del mercado y la teoría del género. Tal caudal de investigación sería objeto de otro estudio, pero he arrancado con esta referencia inter-disciplinaria para dar al lector un contexto del origen y trayecto que tienen los conceptos que usaré en esta tesis.

"Así pues, la Periferia son aquellas regiones cuya economía está *especializada en la producción de materias primas* y manufacturas poco elaboradas, con *formas de control del trabajo coercitivas* y mal remuneradas" (Espiñeira 3). Si esta síntesis anterior de la definición de periferia la utilizamos como parangón en el entendimiento de lo escénico, diríamos que, los materiales rechazados de la composición teatral, tendrían una naturaleza análoga a la de los países tercer mundistas, o bajo la denominación políticamente correcta "países en vías de desarrollo". Para lograr semejante aseveración, hagamos un desentrañamiento de cada uno de los elementos involucrados en la propuesta teórica que usamos aquí a manera de referente:

- *Especialización en la producción de materias primas:* Sería sensato, por la concatenación teórica que implica, decir que la realidad extra-escénica, ha sido histórica y primordialmente utilizada como punto de partida para la creación artística, por ello, remontándonos incluso a la teoría griega, nos encontraremos con la concepción clásica de un arte mimético, cuya valía y al mismo tiempo, su defecto, según Platón, recaía en la imitación que de la realidad hacía.

  El arte hasta el momento del aparecimiento de las vanguardias, seguía siendo medido en función de su fidelidad para reflejar la realidad, es decir, para usar esa "materia prima" encuadrarla, circunscribirla y reflejarla en una obra de arte, lugar mental, en donde éstos materiales sufrían un tratamiento dado por el autor o artista (país del primer mundo o país desarrollado).

  -*Existencia de formas de control del trabajo coercitivas:* Para no forzar esta analogía, tendríamos que echar mano de la teoría de Foucault y sus "tecnologías del cuerpo", así como del "control sobre los cuerpos vivos" en el marco de un "disciplinamiento del cuerpo" ejercido por un "bio-poder" (Foucault, 2006). Esto, con el fin de asimilar esta rigurosa limitación de las posibilidades corporales a las opresivas condiciones laborales existentes en los países en vías de desarrollo, (entre las que se cuentan, la tercerización, la precarización del trabajo, explotación, y otras), de manera que ambas situaciones quedan equiparadas en estructura aunque no en apariencia: existe un sujeto en relación privilegiada del ejercicio del poder, y unos *otros* en situación de sumisión sobre los que recae esta verticalidad sistémicamente amenazadora.

Esta asimilación nos permitirá emprender el viaje desde lo económico hacia la esfera de lo artístico, pues, "la transferencia de un concepto filosófico, que nace en la virtualidad de un sistema cerrado de reflexión, a otras esferas del conocimiento comprueba su comunicabilidad y trascendencia" (Krieger 183), pero sin olvidar que existen factores que intervienen además de los referidos anteriormente relacionados a la geografía, a la política internacional, a la globalización y que de manera interrelacionada van definiendo quienes están en el centro y quiénes están en la periferia; "la posición individual en el Sistema Mundo será definida pues, por el cruce de todas estas jerarquías, comenzando desde las esferas sociales más micros, y continuando hasta la esfera global mundial, y en función de los contextos particulares en los cuales se reproduzcan las relaciones" (Espiñeira 5). No nos encontramos ante un fenómeno unívoco, sino ante un patente encuentro de fuerzas múltiples que van forjando un ejercicio discriminatorio entre centro y periferia.

Reconociendo la existencia de centros y periferias, Jacques Derrida propone un ejercicio deconstructivo para alcanzar la descentralización, una herejía frente al dios-palabra sobre el que se sustenta el pensamiento logo-céntrico occidental. Todas estas líneas encausarán el trabajo escénico "Higiene", que es el co-relato de esta investigación escrita, perfilándolo como un volcamiento hacia la periferia, una preferencia por lo liminal, una fetichización de lo excluido.

Esta voluntad creadora impulsada por unos presupuestos teóricos y filosóficos (los de Derrida) parece gravitar naturalmente hacia una estética post-dramática (Lehman), por la fragmentación, por la polivalencia, por el rechazo de una narrativa transversal escrita previamente.

> Un enfoque análogo al pluralismo, a la diversidad y a la fragmentación puede ser observado en la postura posmoderna dentro del arte y la literatura. Propone la supresión del límite entre el arte y la vida diaria; el colapso de la distinción jerárquica entre la élite

y la cultura popular; un estilismo ecléctico y la mezcla de códigos. Promueve y sostiene la parodia, el pastiche, la ironía y la jugueteria, la juguetona ambigüedad. (Karim 3) [Traducción propia]

Pero si hablamos de des-jerarquizar, ¿no estaríamos, con la construcción del presente producto escénico, ante el caso de una nueva e implícita jerarquización? Definitivamente sí. Esta propuesta escénica confía en lo secundario y lo aledaño, para volverlo céntrico. La premisa es recuperar acontecimientos periféricos al arte, y construir con el material que ellos nos ofrecen. Es decir, jugando con esta relación simbiótica entre lo real y lo artístico, los dos actores de este trabajo usaremos materiales que sin ser artísticos ni tener la pretensión de serlo, ocurrieron en el proceso de construcción de obras teatrales en las que participamos previamente, pero que por supuesto jamás fueron pensados para convertirse en arte. De este aspecto deviene su organicidad que es la que los vuelve, ante nuestra mirada, como contenidos idóneos para ser rescatados de un silenciamiento tácito; para revertir su derrota frente al triunfo del arte que, siendo céntrico, configuró una periferia que hoy nosotros objetamos para crear el espectáculo "Higiene".

Estos materiales aledaños o relegados, sufrirán un tratamiento, es decir, no los trasladaremos sin más a una nueva obra, sino que, ejerciendo sobre ellos una trans-valorización en el sentido nietzscheano (Deleuze), por considerarse el arte un espacio en donde ésta operación es lícita, les otorgamos oportunidad de relucir y salir de la intrascendencia a la que el sentido magnánimo y triunfante del arte les había aparentemente relegado.

Adicionalmente un gran espectro de complejidad se levanta porque un número de aproximaciones teóricas han sido holgadamente (e incluso erróneamente) aglutinadas bajo el término posmodernismo. Pero, cualquiera que sea la exacta definición del término, el consenso parece recaer en la denotación del fin de una única y universal manera de ver las cosas. El ethos posmoderno se resiste a la unificación, al cercamiento y a las explicaciones universalmente válidas. Se enfoca en el relativismo de la verdad, el pluralismo y la descentralización. (Karim 2) [Traducción propia]

Entendemos que la vivacidad de estos acontecimientos discriminados del arte, y que hoy incorporamos, están dejando de ser periféricos para pasar a ocupar la centralidad de aquello a lo que hemos decidido desplazar, por lo que, conscientes de haber ejercido una mera permutación entre centro y periferia, no hemos pretendido alterar tal fondo estructural, sino, celebrarlo y reconocerlo como permanentemente operante, pues, en el transcurso de la composición de este trabajo de titulación se configurarán toda una serie de materiales que no serán incluidos y que pasan entonces a formar una nueva periferia que puede como no, ser impugnada a futuro, por nosotros, por alguien más o por nadie.

Algunos referentes artísticos:

Tadashi Suzuki y sus contrapartes europeas

Como parte de la contra-cultura de los años 60, el director japonés reprochaba la escisión que se hacía respecto de la idiosincrasia de su tiempo y las prácticas religiosas tradicionales relacionadas al sintoísmo; por el contrario una de sus pretensiones transversales a lo largo de su trabajo fue renovar la conexión con los kamis (dioses de la naturaleza) que podrían entrar en un diálogo con los humanos a través de la escena.

La parergonalidad en el teatro

Su teoría y práctica hoy puede ser entendida como un diseño teatral que le apuesta a la liminalidad desde lo arquitectónico y también desde lo espacial (Allain). Como resultado de la generación de revolucionarios del teatro decimonónico, Suzuki comulgó con la creación de un arte al margen, lejos de los centros donde algunos de sus colegas instalaban sus compañías: las relucientes urbes aupadas por el capitalismo. Esta experiencia tuvo sus análogos en Europa, cuyo común denominador fue la intención de llevar el teatro hacia la periferia.

Una estrategia para descentralizar el teatro lejos de centros urbanos puede ser percibida también entre contemporáneos de Suzuki. Jerzy Grotowski, Wlodzimietz Saniewski y Eugenio Barba. Grotowski condujo la mayoría de su programa de actividades para-teatrales con el Teatro Laboratorio en los bosques de Polonia, entre 1970 y 1981. Esto incluía talleres de variada duración, muchos de los cuales eran en exteriores. En 1976, después de seis años de colaboración con Grotowski, durante su periodo para-teatral, Staniewski tomó un grupo de actores y se asentó en un pequeño poblado de Gardzienice (de donde tomaron el nombre de la compañía "La Asociación de Teatro Gardziencie") en la parte sud-este de Polonia. Ellos estaban buscando lo que Staniewski describía como "un nuevo ambiente para el teatro". Barba fundó el Teatro del Odin en el pequeño barrio danés de Holstebro en 1964, un proyecto que era concienzudamente marginal antes que rural. Su reubicación de Noruega hacia Dinamarca fue contingente, en respuesta a una invitación

> del consejo parroquial para ser su compañía residente, después de que una enfermera de este pequeño pueblo viera uno de sus espectáculos durante una gira. Suzuki probablemente estaba al tanto de estas prácticas y posiblemente las de sus antecesores europeos, pero no las ha citado como influencias o como experiencias que coincidieran con sus preocupaciones. Estos directores están todos vinculados por su intento de remover obstáculos inculcados en los espacios institucionalizados, en convenciones enquistadas y en las asfixiantes estructuras sociales o económicas, pero las diferencias entre sus proyectos deberían ser consideradas. (Allain 37) [Traducción propia]

El camino trazado por Suzuki, cobró una dimensión particular por la referida influencia espiritual que el maestro quería recuperar. No obstante de ello, no se puede decir que estemos frente a un fanático religioso, sino de un hombre sensato, que conjugaba lucidez psicológica con un interés por lo divino. Esto le llevó a reflexionar sobre cómo el espacio liminal puede instalar rotundamente un temperamento en la audiencia y predisponerle con la misma conmoción o más, que la actuación misma de la obra, así lo confirman quienes asistieron a uno de los eventos del maestro: "El viaje y la anticipación casi se convierten en un ritual de paso como preparación para el evento. Las escenografías del anfiteatro dentro del ambiente te exhortan a observar, apreciar la armoniosa integración entre el hombre y la naturaleza" (Allain 38). [Traducciónpropia].

Tadashi entendió que esta experiencia parergonal se fusionaba con la percepción de la performance misma, lo que le llevó a acuñar el concepto de lo "pre-performático" considerando todo el viaje que las personas hacían para poder acudir a uno de los espectáculos de Suzuki en Toga (sitio en donde se instalaron las actividades del maestro).

Experiencias nacionales con acento en la parergonalidad

Habiendo citado a un movimiento generacional que pretendió volcar al teatro hacia las afueras ideológicas y urbanísticas, se hace necesario referirnos al fundador del grupo "ContraElViento", Patricio Vallejo y su "teatro al margen", que instalado en el poblado de La Merced ha ostentado por años la consigna de perseverar en una propuesta que celebra los contornos, la liminalidad y la periferia. (Poveda)

Desde otra dimensión de la parergonalidad, me han interesado especialmente las experiencias escénicas llevadas a cabo por Madeleine Loayza y por Ximena Felicita. Ambas, con experiencias concretas: en el primer caso con la obra "ArrebatOpus 52" (Anexos I, II y III) cuya composición misma desborda el espacio de representación tradicional y aprovecha la topografía y la arquitectura aledaña al Teatro; en el segundo caso con la obra de danza butoh "Gratitud" (Anexos VI, VII y VIII) que se instala en cada ocasión a las afueras, alrededores y periferias de centros arquitectónicos, eclesiásticos o institucionales con la intención de trazar una paralela narrativa que describe el tránsito de un personaje por el Kay Pacha, el Uku Pacha y el Hanan Pacha, que son las dimensiones de la existencia provenientes de la cosmovisión indígena.

LA DIFFÉRANCE

Para poder aproximar las categorías planteadas de centro y periferia al ámbito de la escena tendremos que valernos del concepto de *"la différance"* de Jacques Derrida, contenido en su ensayo homónimo (1968), según el cual, la estructura de los significados, propende a una distinción únicamente momentánea de los elementos opuestos en pares binarios (bueno-malo, correcto-incorrecto, adecuado-inadecuado, arte-realidad, y demás), pues una vez que volquemos nuestra atención sobre cada una de las variables contenidas en estas duplas, tendremos que remitirnos (viajar) a un nuevo escenario del pensamiento en donde intervienen otra serie de duplas mutuamente excluyentes en términos de significado, que volverá a remitirá incesantemente a otra dupla auxiliar y necesaria para el entendimiento de la anterior. Este ejercicio no tiene fin.

Pero para que este referido *viaje* sea entendido, vamos a caminar más pausadamente a través de la noción derridiana que es útil para nuestros fines investigativos.

Según Ferdinand de Saussure y otros estudiosos europeos como Roman Jakobson, la semiótica, lejos de ser un sistema aislado o desordenado de significados, en verdad es una macro-estructura, o lo que en términos de Iuri Lotman se entendería como "la semiósfera": un articulado de signos que funcionan bajo la lógica de la alteridad y una dinámica oposicional, es decir que, las cosas en sí mismas no tienen un significado independiente ni onanista, sino que se construyen de forma posicional respecto de los otros signos que pertenecen a esta macro red. Entonces, entendemos lo que es bueno, como contraposición de lo malo, entendemos lo rico a partir de lo que no es feo, lo fuerte como opuesto a lo débil y así sucesivamente.

Este entendimiento es acogido por Jacques Derrida, quien configura la noción de "differánce", valiéndose del hecho de que en el idioma francés el verbo différer implica tanto la diferenciación como el diferimiento (1968). Différance y différence son palabras homófonas, por lo que, únicamente se les puede distinguir a partir de la escritura, lo que es relevante en tanto que Derrida se interesa profusamente por la prevalencia histórica de lo oral frente a lo escrito por causa de la incorporación; en otras palabras, por el grado de intromisión del cuerpo, en presencia (oralidad) y en ausencia (escritura). Siendo la primera lo central y la segunda, lo periférico. Dicotomía que Derrida se encargará de desafiar en sus estudios posteriores. En este orden de ideas, los significados no sólo son entendidos por su diferencia posicional, como ya resaltaron los semióticos estructuralistas, sino que, al momento de concentrar la atención en cada una de las variables de esta ecuación, no queda más remedio que remitirnos a otra dupla de significantes. Por lo tanto, el significado siempre está *diferido*, siempre nos obliga a continuar el viaje como una búsqueda sin piedra de toque en la que conceptos y duplas opuestas se yuxtaponen infinitamente. Hagamos un ejemplo aquí:

Si quiero entender lo *alto*, no solamente se pone en marcha la comprensión de que hay un *bajo* que se le opone, sino que, una vez que me intereso individualmente por la *altura*, se me arrojará un concepto ("Elevación *moral* de intenciones o propósitos"), que me obliga a arrancar una nueva pesquisa por aprehender lo que implica la *moral*, en contraposición a lo *amoral*, concepto que refiere a algo "conforme con las normas que una persona tiene del bien y del mal."[1], y cuyo entendimiento requiere de la comprensión de el *bien*, en su relación binaria con un *mal*, que nos remite a otro concepto que a su vez pertenece a otra dupla de términos posicionalmente opuestos entre sí y que contendrán más conceptos que demanden perpetuar esta caleidoscópica y sistemática pesquisa. "La ausencia de significado trascendental extiende hasta el infinito el campo y el juego de la significación" (Derrida 1989 385).

---

[1] Todas las definiciones de este párrafo han sido extraídas del diccionario en línea de la RAE.

LO ESCÉNICO Y LO EXTRA-ESCÉNICO.

Concentrémonos ahora en una dupla en particular: lo escénico y lo extra-escénico pues si bien no hay un acuerdo general sobre lo que implica el arte, sí parece haber un consenso uniforme sobre su existencia, en oposición a la realidad misma. Hay una serie de cosas consideradas artísticas y otra seria de cosas que no lo son. La propuesta recaería entonces en elevar esta discusión más allá de la frívola binarización y propender a un diálogo de los dos territorios que se encuentran, uno a cada lado de la línea, entender la relación que sostienen: una comprensión que no reniegue de esta división, sino que la incorpore desde el estudio de sus potencialidades pero también desde su virtualización y consecuente ambigüedad.

Una vez ya asumidas, de manera somera, las nociones conceptuales útiles para el presente objetivo de estudio, conviene arrancar la inmersión en lo que se considera *lo escénico* y lo *extra-escénico,* sin querer plantear ambas categorías como dogmáticas o incontrovertibles, pues en su momento también serán susceptibles de *deconstrucción:* uno de los prometedores recursos desarrollados por Derrida para descomponer de manera crítica el discurso existente en cualquier texto, y entender el contenido descartado para su constitución.

> Detrás de estas sofisticadas reflexiones se manifiesta el axioma de que todo es texto, también las arquitecturas y pinturas. Basado en la tradición lingüística de Ferdinand de Saussure, quien analizó todos los fenómenos ambientales bajo el término de texto, Derrida se radicalizó, constatando que no existe nada fuera del texto porque todo es texto; una idea clave también para el New Historicism, que analiza la sociedad como texto. (Krieger 14)

Es posible subsumir esta dicotomía en la fórmula de Priesbich, usada luego por Derrida: lo escénico tendría la cualidad de *centro* y lo extra-escénico sería la *periferia*. Esta asimilación estaría fundamentada en los parámetros aplicados anteriormente, no obstante de ello, me interesaría resaltar , (en rechazo a cualquier dogmatismo) que bien se podría hacer el ejercicio opuesto, es decir, asignarle a la realidad extra-escénica la cualidad de *centralidad*, y a la teatral la *periferia*, por reconocer su calidad de excepcional, tomando en cuenta que "la obra filosófica de Derrida exige acercamientos críticos y creativos, no afirmativos o esquemáticos" (Krieger 187) Pero por sobre ambas posibilidades, la primera escogida, y la segunda, considerada pero no explorada, se erige la necesidad de trazar *un* camino para ejercer sobre él el ejercicio lógico que un análisis académico requiere, permitiendo la agencia de los conceptos y teorías escogidas.

> A partir de ahí, indudablemente se ha tenido que empezar a pensar que no había centro, que el centro no podía pensarse en la forma de un ente-presente, que el centro no tenía lugar natural, que no era un lugar fijo sino una función, una especie de no-lugar en el que se representaban sustituciones de signos hasta el infinito. (Derrida 1989 385)

Esta perorata anterior, es necesaria por la línea que se ha escogido de la deconstrucción derridiana. Inobservar la posibilidad opuesta de investigación sería reflejo de una falta de comprensión del alcance de la misma o evidencia de no terminar de entender que la deconstrucción implica una postura política de "detectar los fenómenos marginales, anteriormente reprimidos por un discurso hegemónico" (Krieger 180).

Trataré de replicar esta dinámica a lo largo del ensayo, pues, "el comentario más serio es aquel que no olvida su propio funcionamiento" (Levensztejn 88), en todo en cuanto no recaiga en excesos o recargas como lo sucedido con la aplicación del lenguaje de género en algunas publicaciones que terminan por saturar y casi obstruir la lectura fluida de los mismos. Esto con el afán de eludir

> El peligro inherente del deconstructivismo (que) es la conclusión auto-lógica, problema que expuso Niklas Luhmann con toda claridad: el deconstructivismo no sólo deconstruye, sino también produce nuevos textos, lo que implica un potencial de centralizar y monopolizar los discursos filosóficos de nuevo, a través de los libros del maestro y los miles de artículos de sus fieles discípulos. (Krieger 185)

En tal sentido, y adentrándome en la descripción de lo que se encuentra a cada lado de la línea divisoria (entre arte y realidad), es decir, entre los materiales o acontecimientos que suceden sobre la escena y los que ocurren fuera de ella, habrá que remontarse al hecho de que históricamente el arte ha sido inculcado con la responsabilidad de reflejar la realidad. Para remarcar esta voluntad mimética del arte como indicador ulterior de su valía o calidad, se puede revisar la continuidad y persistencia de este aspecto desde la época clásica (con la perspectiva citada anteriormente de Platón) hasta épocas como el renacimiento, en donde las figuras representadas en el arte resaltaban por su exigente naturalismo, inclusive, llegando a desarrollarse brillantes tecnologías para llevar al paroxismo la sensación de realidad emanada de la expectación de la obra de arte, como es el caso de la técnica de la perspectiva que sumada a la de luz y sombra, buscaban extrapolar las características propias "de lo real" pero invocadas en el seno del trabajo artístico.

Ya bien adentrada la época moderna, y circunscritos en el arte escénico se tiene al teatro colonial que lejos de explorar las posibilidades del cuerpo, importaba la ideología de castración y satanización del mismo desde el paradigma judeo-cristiano, por lo que, proliferaban piezas teatrales como los autos sacramentales y las loas que propiciaban la socialización de textos bíblicos con cuerpos que se comportaban tan mutilados de posibilidades como la moral de la vida cotidiana exigía (Vallejo).

Prosiguiendo con la línea histórica aparece la tendencia del teatro latinoamericano vigesimonónico por ensalzar a las representaciones teatrales que aludían a *temas de la realidad* como la lucha de clases, la distribución social del trabajo, las injusticias latifundistas y la nueva sociedad burguesa, que de manera correlativa, imponía una tacha al arte que no reflejaban las preocupaciones de las naciones en su lucha por terminar de liberarse de las injerencias neo-colonizadoras; tal como se refleja en las diversas memorias del Festival Internacional de Teatro de Manizales (Betancourt) o en los textos de Eduardo Vásquez Pérez "Una experiencia de creación colectiva en el Ecuador" (Luzuriaga) o el de Juan Villegas, "Los discursos teatrales y las teatralidades de las burguesías ilustradas".

Esta cronología del arte como mímesis de la realidad se hace necesaria, toda vez que, lo siguiente que se planteará toma como premisa de base a esta perspectiva de lo que implica la labor artística, particularmente para estudiar la realidad escénica y extra escénica como variables diferenciables, pero no independientes, por el contrario, con mayor o menor grado, la realidad extra-escénica ha alimentado a la realidad escénica ya como referente a imitar, ya como patrón de inspiración o ya como premisa para refutar, (como se dio en el periodo de surgimiento de las vanguardias). En este orden de ideas, la creación escénica está imbricada con la cotidianidad, siendo un comentario de ella, lejano, cercano, mimético, subversivo, pero siempre *respecto* de ella. Más allá de resaltar las distintas clases de vínculos que pueden tener las obras de teatro con la realidad, es necesario subrayar la existencia del *vínculo* mismo. Él constituye una conexión tan incontrovertible como el existente entre el comentario del crítico o reseñista y la obra a la que alude.

> Pero, para Foucault, el comentario no es una forma libre, susceptible de invención del sentido. Por mucho que sus rodeos y dispositivo sean nuevos, su intención última será la de exponer aquello que ya exponía la obra comentada. Su estructura más tradicional es estructuralmente paradójica: el comentario solo nos permitirá decir por primera vez aquello que ya decían la obra o el texto de origen, la obra o el texto comentados. Paradójicamente, solo nos dará libertad para repetir la obra que comentamos. Siempre nos veremos llevados a afirmar que algo nuevo, que algo que hasta entonces no había sido dicho, paradójicamente, ya había sido dicho en la obra misma. (Masó 3)

Aunque he querido demostrar el vínculo de la representación escénica con la realidad, no he buscado con ello inferir que sea parásita de ella, sino, por el contrario, como un comentario *respecto* de la realidad, puede y debe formular nuevas perspectivas, sin perder jamás de vista a la cotidianeidad o de tenerla como referente pero jamás verse enclaustrada por ella.

> El carácter de otredad y desterritorialidad de la poíesis permite considerarla (a la representación) mundo paralelo al mundo, con sus propias reglas (inmanencia): al establecer su diferencia (de principio formal y en consecuencia también de materia afectada, materia en nuevo estado), el ente poético funda un nuevo nivel del ser, produce un salto ontológico. (Dubatti 2014 27)

El arte como comentario de la realidad estaría ostentando una existencia propia que erosiona esa realidad pero que la fertiliza por sus sucesivas alusiones a ella, quedando

> Supeditado a una doble exigencia. Por un lado, a reiterar su imposibilidad de convertirse en algo más que una repetición enmascarada. Pero, por el otro, ofrecer la posibilidad siempre abierta de hablar y seguir generando nuevos discursos –desde un extraño anacronismo. Foucault concluye que, en el cruce de estas dos limitaciones que le impone su forma, en el comentario lo nuevo no puede estar en lo que se dice, sino en el acontecimiento de su retorno. (Hernández 2013 7)

EL ARTE EN EL LIMBO.

Esta naturaleza *natural* del arte por referirse a la realidad parecería ser un "escándalo" en términos de Lévi-Strauss (1969), es decir, una situación que presenta los dos caracteres que se encuentran a cada lado de la línea divisoria (de las oposiciones binarias repasadas con anterioridad), es decir, un elemento dentro de la gran semiósfera que no acaba de enclaustrarse bien hacia un lado *ni* hacia el otro. Si el arte parecería engendrarse a partir de la realidad, pero sin serle fiel enteramente a ella y; el comentario del arte veíamos, en una situación equiparable, no innova pero tampoco repite, diríamos luego que, el arte escénico y sus ancestros rituales/místicos presentes en todas las culturas del mundo, corroborados por estudiosos clasicistas como Jane Harrison o Francis Cornford (Shechner 138), llegaría a ser *natural* a lo humano, pero siendo el humano el natural gestor de la cultura, como lo entendía Nietzsche: "la cultura es la actividad genérica del hombre" (Deleuze 77), y siendo la cultura un "sistema de normas y de proscripciones" (Derrida, 1989 389) tendríamos que el arte es tan natural como cultural, tan universal como particular, tan *physis* como *nomos,* un proyecto que "no tolera ya la oposición naturaleza-cultura tal como ha sido recibida, y que parece requerir *a la vez* los predicados de la naturaleza y los de la cultura". (Derrida 1989 389)

Cuando Lévi-Strauss concibe al "escándalo" no lo hace remotamente pensando en el arte, sino en una situación aparentemente análoga en tanto es resultado de *cada* cultura, ergo algo universal: la prohibición del incesto.

> La prohibición del incesto es universal; en ese sentido se la podría llamar natural– pero es también una prohibición, un sistema de normas y de proscripciones- y en ese sentido se la podría llamar cultural...Nos vemos entonces confrontados con un hecho o más bien con un conjunto de hechos que, a

> la luz de las definiciones anteriores, no distan mucho de aparecer como un escándalo: pues la prohibición del incesto presenta, sin el menor equívoco e indisolublemente reunidos, los dos caracteres en los que hemos reconocido los atributos contradictorios de dos órdenes excluyentes: aquella prohibición constituye una regla, pero una regla que, caso único entre todas las reglas sociales, posee al mismo tiempo un carácter de universalidad. (Lévi-Strauss 1969 41)

Esta ambivalencia más allá de toda familiaridad con lo expuesto en este ensayo empieza a alumbrar al arte escénico como un elemento del entramado sígnico estructural, cuya naturaleza radica en una doble negación: *ni* del un lado, *ni* del otro. No con esto trato de sugerir una inexistencia del teatro, sino de revelarle como un ente profanador de toda binarización, y que bifurcado ontológicamente se torna irreverente ante toda taxonomía. Este hallazgo que desafía a la estructura y sus presupuestos como irrefutables puede ser leído como una invocación del post-estructuralismo; luego del teatro:

> Ya no se puede decir que sea un hecho escandaloso, un núcleo de opacidad en el interior de una red de significaciones transparentes; no es un escándalo con que uno se encuentre, o en el que se caiga dentro del campo de los conceptos tradicionales; es lo que escapa a esos conceptos y ciertamente los precede. (Derrida 1989 390)

CENTRO Y PERIFERIA EN EL ARTE.

    El vínculo existente entre arte y realidad previamente remarcado, no implica que el discurso teatral no sea un acontecimiento en sí mismo, de hecho, su potencia, si bien la entendemos como apéndice de la realidad, puede llegar a ensombrecer a la misma, como si de una peritonitis aguda se tratase, desafiando, ya no sólo al sistema de oposiciones binarias, como se vio en el apartado anterior, sino que además desplazaría a esa aparente centralidad (realidad) hacia la periferia, y demostrando que las posiciones de centro-periferia son enteramente circunstanciales. Pero aún hay más, pues el arte relegando a la realidad no es el único caso de subversión de las jerarquías, tal como el casi infame prólogo de setecientas páginas apretada tipografía que Sartre escribe sobre la obra de Genet denominado "San Genet: comediante y mártir" y que "se convirtió lisa y llanamente en un volumen autónomo. De modo que, desde entonces, en las obras completas de Genet, el primer volumen está constituido por la exégesis monumental de Jean Paul Sartre" (Saer párr. 6) cuyo aparecimiento está lejísimos de ser considerado como faldero de la obra a la que toma como referente, sino que se erige con una presencia propia, que, no obstante, jamás pierde a su eje: la obra de Genet.

> Es obvio que el desmesurado análisis de Sartre se nutre de los textos de Genet, e inversamente, por el minucioso examen al que los somete, superando sus zonas oscuras, sus argucias retóricas y sus ingenuidades, desarrollando hasta sus sentidos más secretos, los ilumina dotándolos de fulgores inesperados. (Saer párr. 7)

    Este mismo resplandor bilateral es el que propongo ocurre entre el teatro y la realidad, cuya tensión no perjudica, sino que enaltece y propicia el desarrollo de ambos.

> Como un proxeneta que se enriquece haciendo trabajar a su pupila, la obra de Genet y la exégesis de Sartre se explotan mutuamente, pero encarnando cada una de ellas los dos roles a la vez. Puestos por lo que duren frente a frente, el texto y su monstruoso comentario se reflejan uno al otro reproduciendo al infinito sus brillos y sus sombras. (Saer párr. 18)

Otro ejemplo interesantísimo sobre el comentario de arte rebasando al trabajo comentado es el emprendido por Michaux en su "En rêvant à partir de peintures énigmatiques" (2012) (Soñando a partir de pinturas enigmáticas), escrito en el que comenta de forma pormenorizada la obra pictórica de Magritte, pero con una inusual particularidad: jamás explica a qué obra alude con cada comentario. Esta forma elusiva-evocativa de comentar la obra de arte deja entrever que la escritura toma a su referente como excusa pero, bajo ninguna circunstancia quiere verse limitada u opacada por ella, por el contrario, parecería terminar ensombreciendo la labor de Magritte, que fue, en un principio la que desencadenó el ejercicio compositivo de Michaux.

Estos casos son evidencia de cómo lo que cobraría originalmente la posición de *central*, es decir: las obras comentadas, ya sea la de Genet o la de Magritte, terminan siendo desplazadas a la periferia, ya por la monstruosa ventaja que genera la desproporción del comentario (como en el caso de Sartre) o porque deliberadamente se busca omitir la referencia clara de lo comentado (como en el caso de Michaux).

Estos ejemplos posibilitan una asimilación deliberada entre las dos duplas realidad-arte; arte-comentario de arte, lo cual se vuelve indispensable para proseguir por el camino planteado de esta investigación, en el que buscaré mostrar el influjo no unidireccional de identidad, de repetición o de diferencia que existe entre estas oposiciones binarias. Sin embargo, más allá de esto, podemos ratificarnos en que el análisis se robustece, lejos de socavarse por la movilidad de estas categorías. Es más, su capacidad camaleónica nos permite entrever que si hay un elemento constante en estas dinámicas es la presencia de la línea divisoria entre lo periférico y lo central, independientemente de lo que sea considerado como periférico o central.

En este orden de ideas, el arte será lo que no permite que la realidad se impermeabilice, impide que se acabe de enroscar sobre sí misma, pues la interroga, desde la exploración de las posibilidades, desde un mostrarle la infinidad de otras maneras de ser. Le devuelve la tarea a la realidad, desafiándola y calificándola de incompleta. Luego, lo que cerca al arte será un borde de doble filo, que termina de circunscribir simultáneamente a la realidad (a todo lo que no es arte). Así, entonces, la línea, el marco en sí mismo, el borde, se vuelve central.

Este preciso entendimiento es el que inspira, en nuestro trabajo práctico "Higiene", la incorporación de unas interrogantes para cada personaje que aparece en escena, mismas que se proyectan desde un computador, un elemento tecnológico que dialoga con la obra, pero que es ajena a ella, no obstante de su presencia al interior de la misma, en otras palabras: un parergon que se relaciona con el ergon. Anexo XV

Para enrumbar este ensayo hacia la línea misma, en lugar de lo que queda a cada lado de ella, es necesario migrar hacia otra noción derridiana útil para su estudio: El parergon.

La división, el marco es el motivo de este ensayo, el idioma del encuadre, del *passe-partout*.

EL PARERGON.

Según Kant (1999), parergon o parerga (plural) son las añadiduras y los adendums que rodean a la belleza de la obra, son nimiedades que simbólicamente podrían señalar valía o distinción (por ejemplo, un marco de oro) pero que son potencialmente perjudiciales para la obra en sí, pues nos distraen de ella. Para este filósofo cómplice del iluminismo, el parergon solo sirve para guiar la mirada, como por ejemplo, el arco del proscenio en el teatro; pero en Derrida tendremos una transformación de este concepto ya no como complemento, sino como suplemento: el parergon implicará entonces un terminar el trabajo inconcluso de la obra de arte.

"Al referirse a éstos aspectos, él efectivamente trae al parergon, un dispositivo previamente considerado como extrínseco y subordinado a la obra de arte, al frente de la discusión para aplicarle una inspección y evaluación más cercanas" (Little 44) [Traducción propia] y en tal medida ya no estaremos frente a algo que podría o no estar, pues, según Derrida, el parergon, lejos de ser un adorno o una exterioridad superflua, es lo que permite que exista una interioridad, lo que estructuralmente habilita la existencia del arte como una centralidad: "Un parergon está contra, junto, por sobre y debajo del ergon, el trabajo cumplido, el trabajo logrado. Pero esto no es incidental: está conectado y coopera con su operación desde afuera" (Owens 19) [Traducción propia].

De forma preliminar, se remarcar la naturaleza sustancial del parergon a partir de la visión que Derrida sostiene, ya no como algo meramente ornamental o captador de la mirada. Ello otorga las primeras luces para estudiar la naturaleza de esta *línea divisoria*, que parecería, hacer mucho más de lo que normalmente se le acredita. La expresión que acabo de usar no tiene que ir más allá de una mera alegoría o de una metáfora mental para crear una imagen que nos permita examinarla, pues si bien, el parergon podría ser la línea que limita (al tiempo que posibilita) al arte, no siempre lo encontraremos expresado en esa forma, especialmente en las artes escénicas. En la pintura por ejemplo, será enormemente más fácil la identificación de un parergon, por su naturaleza bidimensional y estática, pero se hace necesario recapitular la mayor diversidad de elementos *parergonales* que pueden operar cuando nos enfocamos a las artes escénicas por tratarse de composiciones que se suscitan no solo en el espacio sino también en el tiempo: según Gay McAuley en su investigación "Space in performance: making meaning in the theatre", el espacio actúa por sí mismo como "potencial significador de valor encuadrando efectivamente la performancia incluso antes de que ésta siquiera comience" (39) [Traducción propia]. Aunque útil, la anterior aseveración tiene que ser entendida como una posibilidad, más que como regla, pues, no es menos cierto que la obra en sí misma puede trascender del espacio de representación institucionalizado (los teatros de cámara, museos o salas), si no reconocemos esto como posible, estaríamos negando la existencia de expresiones como el teatro de la calle y el teatro de espacios abiertos, aunque se podría alegar que éstos últimos, por más amplia que sea el área en la que se desenvuelven, no son sino encuadres de proporciones mayores, pero encuadres al fin y al cabo.

Las categorías que se han ido volviendo familiares a lo largo de este ensayo además de ser mi objeto de estudio, permiten dilucidar otras teorías del arte que pueden ser útiles para la concepción del parergon como la entidad polimórfica que es, pero que en este estudio hemos empezado por examinar en su dimensión espacial.

> Ante esta imposibilidad de existir fuera del museo, ante la obligación de necesitar la protección de ese entorno, las artistas feministas se refugian, otra vez y de forma voluntaria, en el modelo patriarcal y adoptan al museo como casa y al Estado como marido. Regresan a la Casa de Muñecas de Ibsen y crean sus obras en el espacio delimitado y propicio del museo-casa, con el dinero de esposo-Estado y sucede lo inevitable: la obra no puede sobrevivir al desamparo. La obra:

> una "escultura" de toallas sanitarias, un collar de pastillas anticonceptivas no existe si abandona la protección de la sala del museo. (Lésper 79)

En la cita anterior, atestiguamos una visión crítica del arte contemporáneo cuando configura manifestaciones endebles que no pueden subsistir al desabrigo del espacio institucionalizado, por lo que, diremos que, este último, siendo *parergonal*, tiene una alegada resonancia mayor que la obra misma (ergonal), de manera que se configura un caso de interés en el que lo central (la obra de arte) estaría siendo parasitaria de la periferia (el espacio institucionalizado donde se exhibe) pues, si se le es retirado de este, parecería perder la cualidad de arte que anteriormente ostentaba. A partir de lo anterior, se colige que ésta crítica en particular se centra en aseverar que éstas expresiones no alcanzan a configurar arte porque hay un desbalance, una desproporción en la que, lo *parergonal* tiene mayor relevancia que lo *ergonal* y entonces lo que se entiende debería ser *céntrico* (la obra) no alcanza a serlo, consecuentemente la periferia lo avasalla, posibilidad que ya habíamos previsto en este trabajo usando otros contextos (arte-comentario de arte).

Remitiéndonos a la casuística se tienen múltiples ocasiones en las que obras de arte contemporáneo han sido desechadas por personal de limpieza de museos al confundirlas con basura, como lo ocurrido en el museo de Bolzano y la obra de Sara Goldschmied y Eleonora Chiari o con la obra del alemán Gustav Metzger que fue "limpiada" del Tate Britain. Por no exudar, a criterio del personal de limpieza encargado, la cualidad "aurática" que respecto del arte explica Walter Benjamin en su texto "La obra de arte en la era de su reproductibilidad técnica".

Sin desviarnos de la meta planteada, habrá que continuar dilucidando las manifestaciones que el parergon puede cobrar, no sin antes decir que éstas no son dictatoriales o infranqueables: "es posible para los individuos producir intencionalmente una confusión de los encuadramientos que ellos mismos están generando" (Ervin 9)

[Traducción propia] lo que resuena tremendamente con Bann: "los artistas pueden ironizar o problematizar los encuadramientos que operan sobre la obra" (Duro 144) [Traducción propia] lo que habilita a los hacedores del teatro a jugar con estos encuadramientos, y no ser víctimas de ellos, pues incluso, una vez instalados, pueden seguir siendo subvertidos, de manera deliberada, a partir de ello podemos explicar por ejemplo, los rompimientos de estilo brechtiano (Brecht).

¿Pero cómo entender entonces la afamada visión de Peter Brook sobre el teatro naciendo en el momento en que alguien camina a través de un espacio y otro alguien decide observarlo?

La respuesta hacia la que Esta investigación encausa sería: gracias a la operación de múltiples encuadramientos *parergonales* que no necesariamente tienen una contundencia material explícita, como la referida sala del teatro o la boca del proscenio; sino que, como *corchetes mentales* que quien actúa de audiencia impone sobre lo que está observando, tienen la misma o incluso mayor efectividad que aquellos que están sustanciados en rotundos indicios físicos (la ya mencionada dimensión espacial, ropa que es inconfundiblemente teatral, maquillaje de caracterización o innegables elementos escenográficos) para permitir el tránsito cogitativo entre lo cotidiano y lo teatral.

> Más que una propiedad con características analizables, la teatralidad parece ser un proceso relacionado a una "mirada" que postula y crea un espacio virtual y distinto que pertenece al orden de lo otro, desde donde la ficción puede emerger... la teatralidad como alteridad emerge a través de una fisura en el espacio cotidiano. Ésta fisura puede ser el resultado de un actor tomando el control de lo cotidiano y volviéndolo un espacio teatralizado; también puede ser el resultado de la mirada de un espectador que

> teatraliza el espacio. (Féral 97)) [Traducción propia]

De manera que, se puede decir que efectivamente lo que constituye al arte como tal, no es un destello interno que reluce autónomamente, sino que, en la línea de lo planteado por la semiótica estructural de Saussure (1945), diríamos que es el *parergon* quien se encarga de completar desde *afuera* a esa sustancia que está *adentro* y le dota de una cierta cualidad que luego sí, se vuelve inembargable, el significado de cualquier término estaría, más que en sí mismo, en la relaciones posicionales que ostenta con otros términos aledaños. Sin la agencia de estos *dispositivos parergonales*, no podríamos asegurar la existencia de una obra, sino, a lo sumo de una experiencia inusual, extravagante, incluso extrema, pero que sigue siendo parte de la realidad, como en el caso de lo provocado con el teatro invisible de Augusto Boal. De esta manera, rotunda y firme, el parergon termina de consolidar el concepto de *obra de arte* y no tanto de *lo artístico* en sí mismo, pues aunque algo sea artístico no puede ser encomendado a una labor extra-cotidiana si no existe una mirada que altere su naturaleza y la considere fundamentalmente trascendental. Este acto referido, de elevar lo observado a una categoría superior, constituye una *virtualización*, que puede definirse como:

> El gesto inverso a la actualización. Consiste en un tránsito desde lo actual a lo virtual, en una elevación a lo potencial de la entidad bajo consideración. Virtualización no es des-realización (la transformación de la realidad en un complejo de posibilidades), sino un cambio en la identidad, un desplazamiento del centro ontológico gravitacional del objeto que está siendo considerado: en lugar de ser definido principalmente por su actualidad (como una respuesta), la entidad

> de ahora en adelante encontrará su consistencia esencial en un campo problemático. Virtualizar una entidad es descubrir la pregunta amplia a la que se refiere, transformar la entidad en la dirección de esta pregunta y redefinir su actualidad inicial como una solución a esa pregunta particular. (Féral 6)

Usando la terminología de Féral, la virtualización permite que algo, paradójicamente pueda ser percibido como más real que lo real, por la presencia rotundamente presente del actor (en el caso de las artes escénicas) como diría Erika Fischer Lichte en su "Estética de lo performativo" (2011). Conviene observar que la teatralidad, tal como ha sido explicada aquí, no es sinónimo de *parergon* pero podría constituirse en uno:

-No siempre la teatralidad será el indicio que permita a la audiencia comprender que está frente a una obra de arte. Podría ya haberse instalado la convención del arte con anterioridad.

-La teatralidad hace emerger una alteridad, una situación excepcional respecto de la realidad cotidiana pero no siempre su fin es llevar a la audiencia al entendimiento de que lo que está atestiguando, por atestiguar o lo que ya atestiguó está siendo/va a ser/era una obra de arte.

-Si bien la noción de Dubatti de *teatro* implica como mínimo la existencia de autopoiesis, de una expectación y del convivio(Dubatti); no es menos cierto que Féral acierta al definir que la *teatralidad* podría ser generada por la mirada del propio espectado, es decir del observado, del actor que toma a la realidad y le impone un cierto dominio con su técnica para alterar su cualidad ordinaria, lo cual, podría no estar siendo presenciado por una audiencia externa al ejecutante, quien, podría desambiguarse a sí mismo en la ejecución de ambos roles aparentemente irreconciliables, situación que ya ha sido contemplada por autores orientales como Yoshi Oida y su método actoral que recomienda sostener la sensación de estar siendo permanentemente observado, incluso en soledad (2005). Ambas teorías (La de

Dubatti y la Féral) se dejan intactas una a la otra por atajar conceptos diferentes pero complementarios.

Inicialmente, la teatralidad parece ser una operación cognitiva casi fantástica puesta en marcha bien por el observador o por el observado. Es un acto performativo que inaugura el espacio virtual de la otredad, el espacio de transición discutido por Winnicott, el límite (limen) discutido por Turner, o el encuadramiento" de Goffman. Despeja un pasaje, permitiendo tanto al performer como al espectador pasar de "aquí" a "cualquier otro sitio" (Féral 3) [Traducción propia].

Esta operación cognitiva que inaugura una *otredad*, podría, como hemos dicho, ser un *parergon* que *virtualice* el acontecimiento volviéndolo artístico, al tiempo que nos permite acceder al mismo, como si de un portal de paso se tratase; no obstante, si llegare a faltar su agencia, siempre se puede contar con otros que suplan su labor. Si no es la teatralidad, será cualquiera de los otros elementos periféricos a la obra (como los enlistados anteriormente, o por ejemplo, las cédulas, placas, certificaciones, explicaciones curatoriales o pases de mano, según el tipo de arte al que nos enfrentemos) los que contribuyan a erigir su cualidad de tal y que nos dejen hacer el tránsito en la dirección en la que se encuentra la obra. "La realidad no es, pues, algo que *esté* ahí, sino algo que, para ser interpretado, necesita ser sometido a un marco" (Galindo 30). Esta mentada "periferia" o "marco" en términos de Galindo, no puede ser confundida como accesoria o adicional, sino como fundacional, aunque esto lo abordaremos en mayor detalle, más adelante, por ahora me interesa remarcar que no hay *ergon*, sin un *paregon*.

Si estamos en el edificio de la Suprema Corte de Justicia de la Nación justo a la hora en que se está llevando a cabo una sesión no nos extrañará ver a unos señores vestidos de toga. En este caso será obvio que estamos en presencia de los magistrados. Sin embargo, las cosas no estarían tan claras si viéramos a un sujeto vestido de toga en una fiesta o en un partido de fútbol. En estos casos tendríamos que hacer uso de marcos suplementarios (propios de estos eventos) como el juego o la broma para que las cosas tengan sentido. Mediante los marcos podemos, pues, esclarecer un contexto determinado para así estabilizarlo. (Galindo 29)

Y este parergon hace que reluzca el ergon de una manera particular, pero no por sí mismo, sino por la interacción de estas dos dimensiones, pues, de variar el *afuera*, el *adentro* no podrá sostener su connotación previa, sino que, migrará de significación y se verá estabilizado por la operación de otros elementos parergonales. "¿Qué es un ergon? Ergon es una palabra griega usada por Kant para significar "obra", como obra de arte, obra literaria, obra musical, y demás. Según la lectura que hace Derrida de Kant, la obra o ergon depende del parergon" (Richards 2) [Traducción propia].

Para sostener tal inmenso corolario, será necesario volcar la atención a la consideración hecha con anterioridad respecto de cuando los elementos periféricos terminan desplazando a los centrales. Derrida (2001) hará lo propio para tratar de *deconstruir* la noción de *parergon* de Kant como algo insustancial, (ya sea como el impertinente velo que cubre al bello cuerpo desnudo o a las secundarias columnas que sostienen a la gran edificación arquitectónica), para ello, viajará por la misma explicación del filósofo de la ilustración y usará sus propios ejemplos analizados a profundidad para revelar las aporías de su discurso:

La pintura de Lucas Cranach "Lucretia" (1532) demuestra como un velo, no necesariamente separa al espectador de la obra, pues en este caso concreto, es transparente y posado sobre el cuerpo desnudo, no termina de configurarse como ajeno a este, pues ni siquiera logra censurarlo o enajenarlo de la mirada del espectador. Ese pedazo de tela no tiene una existencia separada de la mujer, por el contrario, velo y carne exponen desde la complicidad una desnudez incontenible.

Si volcamos la mirada a la ciudad de Atenas y su Erecteión (construido entre 421 a. C. y 406 a. C.), tendremos otro rotundo caso en donde lo que se debería entender accesorio de la obra, termina siendo esencial, pues las columnas -regularmente mero elemento técnico para asegurar el sostenimiento de la estructura- en este caso son las Cariátides esculpidas, cuerpos humanos que más allá de sublevarse a la gravedad, se elevan artísticamente como un nodo enfatizado por el autor por encima de un tecnicismo ineludible.

Así entonces, Derrida sostiene que los elementos "ajenos" a la obra únicamente están en una periferia ilusoria, pues el parergon no siempre implica una externalidad, sino que, como se ha visto, podría estar sosteniendo a la obra desde dentro o mimetizándose con ella por no alcanzar a cobrar una existencia independiente.

Si bien este último párrafo complejiza todo lo dicho respecto de las duplas *adentro-afuera, centro-periferia, ergon-parergon*, también lo enriquece y lo fertiliza, pues permite entender que éstas categorías, aunque tienen una existencia, no están basadas en nociones livianas o facilistas, sino que, como Jacques Derrida exploraría en su "De la gramatología (1986)" el adentro y el afuera maneja lógicas que no son mutuamente excluyentes como al pensamiento logo-céntrico le gustaría. Por el contrario, ni dentro de la obra, ni fuera de ella, el parergon sigue una lógica de *ambos/y/ ni fuera/ ni dentro*.

La palabra griega (parergon) ha dado a la noción "fuera-de-obra" un concepto que no se limita a estar fuera de obra, puesto que actúa también al lado, pegada contra la obra (ergon).

Traducido también como "objeto accesorio", "extraño", "suplemento", "resto", el parergon se encuentra al lado de la obra, no le es ajeno, pues afecta al interior y coopera con él desde afuera. (Hernández N. 9)

El *parergon* entonces se plantea como una sustancia flexible e invasora, que abarrota la obra al tiempo que la deja erige (Derrida & Owens), al menos en la proporción suficiente como para que podamos apreciarla como tal; como una gran sombra que se extiende por todo el proscenio, dando licencia a la luz para iluminar una mínima porción del espacio con un has que alumbra al personaje principal, que aclamamos y aplaudimos, pero que nos obnubila respecto de todo lo *otro* que se mantiene en tiniebla y que precisamente y por contraste, nos permite valorar el espacio iluminado. "Adicionalmente, el parergon corrompe la pureza del ergon" (Richards 5) [Traducción propia].

El parergon sostiene y destruye, desafía y funda a la obra de arte, habilita su existencia cercándole la misma incesantemente. Ocupando todo el *otro* espacio que no ha de ocupar el arte, el *parergon* cumple con su labor de inaugurar permanentemente a la obra, desde un *afuera* que al tiempo es *adentro* "de modo que lo que constituye la parerga no es simplemente su exterioridad excedente, sino el lazo estructural interno que los fija a la falta en el interior del ergon" (Hernández N. 9).

Derrida explora la idea de la duplicación originaria en "Diseminaciones". Aquí, la originalidad de lo original se muestra como dependiente de la copia. No hay original sin una copia. En relación a una obra de arte, la legitimidad depende de la documentación que ayuda a apoyar y suplementar la autenticidad del trabajo en cuestión. (Richards 4) [Traducción propia]

Para poder asimilar esta entidad que paraleliza al tiempo que remarca desde *afuera* a la obra de arte, se hace necesario hacerlo desde la visión derridiana de lo suplementario como algo que se añade a, pero que al mismo tiempo cambia y virtualiza por medio de una dinámica de espejo que configura una alteridad, o como lo hemos referido en este ensayo *lo otro*.

En adelante, la utilización del término *afuera* estará problematizado por la deconstrucción que Jacques Derrida hace del mismo, por su estudio de cómo las estructuras que según Kant (1999) sostienen la obra desde fuera, de hecho no logran acabar de sustraerse del adentro.

Pero al referir que el *parergon* tiene una amplitud pues excede a la obra de arte, no podemos asegurar que *todo es parergon*, pues ello, además de constituir una imprecisión, nos llevaría a una laxa comprensión del mismo. Sería una falacia afirmar que los dominios del parergon son ilimitados:

> Para Féral, los límites del encuadramiento pueden ser desafiados, pero solo en concordancia con reglas aceptadas y "compartidas por todos los participantes". Si el encuadramiento se sobrepasa de sus límites permitiendo actos prohibidos como romper las reglas determinadas para un género en particular o un acto de mutilación humana o animal, "el encuadramiento de la escena-obra se desbarata, y la mezcolanza de la escena con la realidad destruiría la soberanía del espacio teatral. (Little 121) [Traducción propia]

El término *framework* o *framing* que es empleado en algunas de las citas bibliográficas a lo largo de este ensayo, no debe ser entendido como sinónimo de *parergon* o *parergonal activity*, pues comulgo con la visión de Suzanne Little cuando refiere que el *encuadre* o *enmarcación*, son sólo dos formas de entre las múltiples en las que el parergon puede manifestarse.

Al parecer, el parergon, una vez puesto en riesgo, no se extingue, sino que podría y debe ser recuperado por las distintas partes que lo sostienen. Goffman se refiere a él bajo el término *marco*: "Cuando algo pasa y la membrana que separa a actores y público se ve amenazada, todos deben esforzarse por mantener el marco" (Galindo 28). Esta responsabilidad compartida por sostener el parergon implicaría sostener el orden del sentido. ¿Es la enmarcación entonces un sinónimo de posibilidad? La respuesta es rotundamente afirmativa, aunque se quiera aducir que la estructura y la forma son limitantes o esclavizantes, no hay nada más falso que aquello,

> Los marcos de la experiencia son andamiajes estructurales que orientan la interacción… Sólo el marco proporciona la información necesaria sobre el tipo de encuentro en el que estamos involucrados. Sabemos, por ejemplo, que si durante una obra de teatro un actor formula una pregunta no es necesario responderle. (Galindo 28-29)

Por lo tanto, cualquier irrupción del sentido, cualquier vulneración del orden, cualquier oportunidad de fragmentación de las jerarquías, sólo es posible con la previa instauración de un sentido, orden o jerarquía. La gestación del parergon es lo que posibilita su vulneración. No podría darse un rompimiento brechtiano, si no hay un primero un algo que romper, sino se acaba de configurar un *adentro* cercado por un *afuera*. Toda subversión del sentido implícitamente requiere que antes transitemos por el mismo, incluso si el fin último es desafiarlo. "Mediante los marcos es posible distinguir aquello que está "adentro" de aquello que está "afuera" de una determinada situación" (Galindo 30).

De tal forma que el *parergon*, si bien es muy vasto, por invadir cada espacio (físico o mental) en donde la obra no está, no es menos cierto que tiene sus posibilidades limitadas por la obra misma, es decir, que nos encontramos ante una multiplicidad de vectores, entre los que se cuentan: el *afuera* configurando el *adentro*, que es el sentido que hemos ido hilvanando durante todas éstas páginas; pero ahora también estamos frente al *adentro* condicionando al *afuera*. Situaciones ambas que van cristalizando la aparentemente descabellada propuesta derridiana de: *ambos/y/ ni fuera/ ni dentro*.

Pero para que esta fórmula vaya limpiándose de todo escollo que pueda volverla un artífice para confundir al lector, iremos viajando a través de sus implicaciones sistemáticamente, revelando el orden de este aparente desorden, aunque para ello sea necesario ir colocando más cartas sobre la mesa. Ya hemos analizado con cierta profundidad lo que constituye a la obra de arte y lo que habilita su existencia, pero hasta este momento, esta hipótesis sigue siendo una abstracción pues no se ha hablado ni siquiera someramente de *quien* ejerce esta valoración, en otras palabras, al *interior* de quién se suscita este ejercicio valorativo.

SUJETOS PARERGONADOS

> Al encuadrar al mundo, nosotros escogemos qué incluir en la imagen que vamos a construir, así como lo que excluimos de ella. Podemos, de esta forma, entender el encuadramiento como un proceso subjetivo. No obstante, al mismo tiempo el sujeto en sí mismo ya ha sido encuadrado. Las instituciones nos encuadran. Las experiencias nos encuadran. Negociando y navegando los espacios que hay entre las estructuras externas que nos encuadran y las estructuras internas que encuadran nuestra propia narrativa del mundo, todos ya hemos sido encuadrados desde el inicio. (Richards 3) [Traducción propia]

Esta desafiante aseveración extiende la presencia de las estructuras *parergonales*, no sólo reconociendo que lo que está *afuera* de la obra sostiene a la misma, sino que ahora se está frente a la situación de vernos a nosotros mismos como sujetos *parergonados*. Para desentrañar ésta nueva afirmación nos valdremos de las acepciones configuradas anteriormente respecto de lo que es el *parergon* de una obra, pues su operación y naturaleza, será la misma en esta ocasión, sólo que, oscilando alrededor de otro centro: el espectador. "Estos encuadres no bordean a las obras de arte, sino a nosotros. Son encuadramientos a las estructuras dentro de las cuales nuestra cotidianeidad se desenvuelve" (Féral 5) [Traducción propia].

Ahora, una vez ya iniciado el intento por reconocer esta presunta *parergonalidad* en los sujetos, quisiera circunscribir esta labor en lo que a *sujetos observadores de arte* se refiere, para no desbordar los entendidos parámetros y límites que ésta misma investigación se ha planteado. Así mismo, reconociendo que la operación de esta parergonalidad sobre la percepción no se limita a un solo tipo de encuadramiento, sino a múltiples encuadres cuya interacción resultante permite la experimentación de lo vivido:

> Hagamos lo que hagamos es obvio que un solo marco no basta para dar cuenta de la diversidad de eventos que entran en nuestro foco de atención. Mientras presenciamos la obra de teatro podemos tomar de la mano a nuestra novia, observar que una persona bosteza o mirar nuestro reloj para saber cuánto ha durado la obra. De tal suerte que todo el tiempo estamos modulando, es decir, ajustando la frecuencia de los diversos marcos. (Galindo 31)

Estos marcos o encuadramientos tienen una potencia resignificadora y transicional para quien observa, pero este vigor no confunde a Derrida, pues los reconoce como ilusorios, "no hay encuadre natural. Hay encuadramiento pero el cuadro no existe" (1979 39) [Traducción propia], en tanto son contingentes o circunstanciales, pero incluso alegando su calidad de artificiales, lo que no está en duda es la monumental fuerza que tienen sobre el sujeto y su percepción:

> El texto es de destacarse pues el lector (usado aquí en una manera ejemplificadora) no puede jamás escoger su propio lugar dentro de él, tampoco el espectador. De todos modos, no hay un lugar sostenible para él opuesto al texto, fuera del texto tampoco existe un lugar donde pueda no escribir lo que, en la lectura le pareció que le fue entregado, pasado: no hay un sitio frente al cual pueda pararse que sea anterior a un texto

previamente escrito. Porque su trabajo es llevar las cosas a la escena, él mismo está en escena, se pone en la escena, ello mismo. El momento "por lo tanto" es escrito, el espectador es menos capaz que nunca de escoger su sitio propio. La imposibilidad -y la potencia, también, del lector escribiendo él mismo- ha estado trabajando dentro del texto en general. Lo que aquí abre, limita y sitúa todas las lecturas (incluyendo la tuya y la mía) es, por esta vez y al fin, mostrado: como tal. Es mostrado por medio de una cierta composición que produce el volcamiento de las superficies. Y por medio de una material puesta en escena precisa. O mejor dado que esta clase de exhibición y el fenómeno "como tal" ya no se encuentran en últimas bajo control aquí, sino que están siendo maniobradas como funciones inscritas y mecanismos subordinados-lo que está en cuestión aquí, de una buena vez, se encuentra a sí mismo no siendo mostrado sino representado, no escenificado pero comprometido, no demostrado pero montado. Montado con la habilidad del confeccionista con una implacable maquinaría de consumada prudencia y lógica implacable. (Derrida 1981 290) [Traducción propia]

Necesariamente este pasaje tiene que ser contrastado con el acervo que hasta éstas alturas se ha construido de forma común entre el escritor y el lector de este ensayo, no a manera de paliativo para las sobrecogedoras aseveraciones de Derrida, sino que me valdré de esta potencia matizándola con una de las primeras reflexiones de Foucault citadas en este ensayo respecto a la situación del comentario de arte, con el fin de revelar una analogía tan inquietante como obligada:

> El comentario no es una forma libre, susceptible de invención del sentido. Por mucho que sus rodeos y dispositivo sean nuevos, su intención última será la de exponer aquello que ya exponía la obra comentada. Su estructura más tradicional es estructuralmente paradójica: el comentario solo nos permitirá decir por primera vez aquello que ya decían la obra o el texto de origen, la obra o el texto comentados. Paradójicamente, solo nos dará libertad para repetir la obra que comentamos. Siempre nos veremos llevados a afirmar que algo nuevo, que algo que hasta entonces no había sido dicho, paradójicamente, ya había sido dicho en la obra misma. (Masó 3)

Lo que plantea Derrida como una tirana relación entre el *espectador/lector* de la *obra/texto* y la que Foucault entiende se genera entre el comentario de arte y la obra a la que alude son sobradamente semejantes: en el primer caso tenemos una aparente subyugación del sujeto lector o espectador respecto de *lo que* ataja del texto leído o la obra atestiguada, así como su obligación de montarlo o ponerlo en escena. Cabe recordar que Derrida, tal como Saussure considera que todo es texto, incluso aquello que no usa códigos lingüísticos, por lo que, mirar una obra de teatro sería en el sentido derridiano, asimilar un texto, un texto invisible, que excede a la palabra (1981) pero que se conforma conjuntamente con ella y con toda una conglomeración de códigos pertenecientes a otros lenguajes como el cromático, lo lumínico, o el correspondiente a la expresión del cuerpo; que como fonemas, van orquestando una hiper-textualidad ante la que se posiciona la audiencia, posición que según Derrida, no le pertenece, pues, estaría dictada por el *texto* que con una "consumada prudencia e implacable lógica mecanizada" coloca al *lector* obligadamente en un lugar en el que le es imposible estar *afuera* del texto u opuesto al *texto* en el sentido de que tampoco podrá plantearse antes del texto *dado*, pues su rol, en adelante, será el de desenvainar, y "poner en escena" lo que ya ha sido comandado por el *texto* leído.

Derrida subraya la agencia del espectador en la escritura del texto, su inhabilidad para situarse fuera de él, no obstante, al mismo tiempo incapaz de escoger su sitio en su interior tampoco. Derrida ve al espectador o al lector no sólo como subido en la escena sino también como responsable de situarse allí, a pesar de su inhabilidad para controlar personalmente ése posicionamiento (Little 126) [Traducción propia].

En el segundo caso, de la mano de Foucault, tenemos un espejismo de libertad para repetir únicamente lo que la obra ya decía, en otras palabras, pensar que decimos por vez primera lo ya afirmado por la obra y que luego el comentario respecto de la misma trata de postular.

En el intersticio que deja la imposibilidad de decir algo ajeno al *texto* y la facultad de ser quien lo pone en marcha, como ha declarado Derrida, estaría la posibilidad de una cierta autonomía del sujeto, un margen de libertad para interpretar el texto dado, tal como el actor que aún respetando los parlamentos del guion, le dota de un fulgor propio, una tonalidad, un carácter, una modulación, una entonación particular que subterráneamente posee el poder de alterar el sentido.

> Mediante el análisis de marcos es también posible observar que los agentes no sólo padecen las estructuras, sino que también son capaces de modificarlas… Goffman tiene claro que no son solamente los agentes los que construyen la situación, pues ésta presupone siempre algún tipo de estructura. Pero sabe también que las estructuras no se ejecutan a sí mismas. De tal suerte que

> para Goffman el actor no es sólo mente, sino cuerpo; no es sólo normativo, sino estratégico, y su racionalidad no opera solamente conforme a principios formales, sino que es una instancia eminentemente práctica. (Galindo 32)

Desafiando una vez más la estructura binaria, diremos que el sujeto parergonado es al tiempo parergonante, y no puede ser categorizado sólo a un lado o al otro de la línea divisoria que opone a ambas nociones, sino que, tal como el arte, el sujeto observador de arte se resiste a taxonomías contrapuestas, y excede ontológicamente a la dupla libertad/sumisión, por ostentar una dignidad que le otorga la oportunidad de crear al tiempo que repite, escapando ya no a la autoridad del texto, sino sometiéndose a él con la certeza de estar ante un imperio ficticio y contingente sostenido por un fenómeno del lenguaje y la lógica.

LA PROPUESTA

La familiaridad entre ambas situaciones (obra de arte-espectador y arte-comentario de arte) no puede ser pasada por alto, y por el contrario, me llevará a completar la asimilación que planté al inicio de este ensayo entre los pares: *realidad-arte; arte-comentario de arte* y convertirla en una trinidad a la luz de lo revisado, de la siguiente forma:

Obra de arte-realidad; espectador-obra de arte; obra de arte-comentario de la obra.

Esta disposición tripartita es útil porque remarca la situación similar que existe entre éstos elementos, que están como planetas oscilando *dentro* de una misma constelación y que ostentan un vínculo que tiene como común denominador a una libertad ficcional (de la obra, del espectador o del comentario respecto de la obra), que hemos visto, parecería estar más bien circunscrita a lo dictaminado por el otro elemento al que le he opuesto en esta serie de duplas, a pesar de no haber estado enteramente contemplado con anterioridad (por la realidad o por la obra de arte). Así entonces arribamos a un punto en el que *"ambos/y/ ni fuera/ ni dentro"*, termina de situarse como una afirmación posible, un camino epistémico que podemos transitar una y otra vez para obtener una legado cada vez más amplio en términos de comprender cómo éstos elementos emparejados en los binarios recogidos por ésta tesis, lejos de estar opuestos, parecen tener una complicidad existencial recíproca y entrañable, en la línea de la "duplicación originaria" de Derrida, por lo tanto, mutuamente condicionados. El afuera enmarcando al adentro y este a su vez determinando al afuera como si de fuerzas *activas* y *reactivas* se tratase, tomando la terminología nietzscheana (2003) y que van configurando una danza de influencias a veces simultáneas, a veces diferidas, a veces desde la interioridad o fuera de ella, a veces desde un afuera que no termina de abstraerse del adentro pero siempre evocando la laminación fundamental que reclama para sí misma la gran orquestación compuesta por lo cotidiano y lo ficcional, que llamamos realidad.

Se ha ejercido la deconstrucción derridiana respecto de la categoría de *teatro* en su acepción de acontecimiento escénico, y se ha desenmascarado la genuina imposibilidad de que su existencia, en términos semióticos pueda encapsularse dentro de la gran orquestación de binarizaciones que promulga el estructuralismo y que sostiene la lingüística. Este trabajo no pretende ser el epitafio de una actividad humana innegable, sino zanjar su existencia como de una naturaleza tal, que avasalla todo el sistema de categorizaciones taxativas que el logo-centrismo sostiene y que la palabra sacraliza.

El teatro como lo entendemos, es sostenido por un fenómeno del lenguaje, que busca circunscribir su significado dentro de la semiósfera, oponiéndole a la realidad y candidateándole como una ficcionalidad pura. Una vez deconstruído el término, se revelará como una entidad que sólo artificiosa y utilitariamente hemos definido como irreal pero que verdaderamente fluctúa entre la realidad y la ficción y al mismo tiempo *ni* dentro de la primera *ni* dentro de la segunda. Lo que propongo no es un encogimiento de hombros que reniegue de la posibilidad de atajar y estudiar al "teatro", sino una aproximación siempre fungible, kamikaze y creativa, que reconozca la descomunal dimensión del acontecimiento escénico mismo que no puede ser subsumido dentro de una angosta categoría, pero al mismo tiempo, reconociendo en ellas (en las categorías) una utilidad indiscutible para armar nuevos trayectos de entendimiento epistémico, los que tendrán que esforzarse

> Dentro del orden del descubrimiento empírico, en conservar, denunciando aquí y allá los límites de las categorías, todos esos viejos conceptos: como instrumentos que pueden servir todavía. No se les presta ya ningún valor de verdad, ni ninguna significación rigurosa, se estaría dispuesto a abandonarlos ocasionalmente si parecen más cómodos otros instrumentos. Mientras tanto se explota su eficacia relativa y se los utiliza

La parergonalidad en el teatro

> para destruir la antigua máquina a la que aquellos pertenecen y de la que ellos mismos son piezas. (Derrida 1989 391)

En otras palabras, sostener una paradójica metodología como haría Lévi-Strauss, quien "siempre fiel a esa doble intención: conservó como instrumento aquello cuyo valor de verdad critica". (Derrida 1989 391), llevando a cabo la creación artística con el entendimiento de estar llevando a cabo la creación de la realidad misma, subsumiendo, ahora sí, la aparente ficcionalidad del teatro, pero ratificando su cualidad de real, realmente *ficcional* pero *ficcionalmente* real.

Descompuesta la diferencia oposicional dentro de la que el *teatro* adquiría su sentido, se hace urgente dibujar un nuevo contorno de su alcance, sin sustentarse en oposiciones mutuamente excluyentes, sino en la superación de las mismas, aunque para ello se haga necesario sacarles provecho si lo que queremos es aterrizar en un lugar de mayor certidumbre, sin perder de vista el defecto inherente de los medios empleados (las binarizaciones).

> Goffman le es infiel a sus conceptos (incluso dentro de una misma obra) porque para él lo importante es dar cuenta de una realidad. La realidad es tan compleja que el concepto, incapaz de aprehender sus infinitos matices, termina por agotarse. Llegado este momento, es necesario echar mano de otro concepto que, a su vez, está destinado a devenir obsoleto. Los conceptos de las teorías de bajo alcance no son, pues, omnipotentes. Sin embargo, tras esta modestia conceptual no se oculta incapacidad alguna, sino mesura. Goffman no duda de la utilidad de los conceptos y sabe que sólo mediante

ellos es posible llegar a observar lo que todavía no ha sido visto o a relacionar lo que ha permanecido inconexo. (Galindo 19)

Para la utilización de estos conceptos y categorías binarias que adolecen implícitamente de error, habrá que replicar el esfuerzo hecho por los jueces penales cuando otorgan la reducción de pena a quienes confiesan información útil para capturar a los criminales, a sabiendas de que, quien habla es también un criminal. Extrayendo entonces todas las posibilidades utilitarias que los conceptos nos obsequien, se vislumbrarán estructuras tan sólidas como artificiales, hallazgos coherentes pero sin perder de vista que son anti-naturales y en últimas, prescindibles, como diría Goffman respecto de sus conceptos o *marcos conceptuales de bajo alcance*: "después de usar, favor de tirar" (Galindo 19).

Lévi-Strauss lo hizo así en su texto "Mitológicas de lo crudo y lo cocido" (1989), cuando intenta revelar la estructura subyacente de los mitos de distintas culturas, que aunque con otros términos y personajes son idénticos entre si. De la misma manera, trata de hacer emerger, las conexiones entre los diversos mitos como una gran composición estructural que se mantiene a manera de telaraña y cuyas sinapsis son articuladas por el mismo investigador que ha escogido un mito cualquiera, para arrancar la búsqueda, reconociendo que este, es un centro artificial y arbitrario, pero útil y necesario.

Lévi-Strauss reconoce que el mito bororo que utiliza como "mito de referencia" no merece ese nombre ni ese tratamiento, que ésa es una apelación engañosa y una práctica abusiva. Ese mito no merece, al igual que ningún otro, su privilegio referencial: de hecho, el mito bororo que de ahora en adelante será designado con el nombre de mito de referencia, no es como vamos a intentar mostrar, nada más que una transformación impulsada con más o menos fuerza, de otros mitos que provienen o de la misma sociedad o de sociedades próximas o alejadas. En consecuencia, hubiera sido legítimo escoger como punto de partida cualquier otro representante del grupo. El interés del mito de referencia no depende, desde este punto de vista, de su carácter típico, sino más bien de su posición irregular en el seno de un grupo. (Strauss en Derrida 1989 12)

Esta aproximación puede ser replicada en la composición escénica, tomando la experiencia personal de cada actor en lugar de los mitos ancestrales, pero dándoles el mismo tratamiento estructural. De manera que una vez orquestado el cosmos narrativo que desde la oposición se sostiene, y que ahora entendemos puede arrancar desde cualquier punto, (cualquier inicio es un inicio, por reconocerse contingente) se pueda hacer un genuino volcamiento hacia la periferia, escogiendo por ejemplo, acontecimientos relegados de las obras de arte, como una imitación hecha en el camerino por un actor mientras se prepara para la "verdadera obra", un acontecimiento que le ocurrió al performer mientras preparaba su partitura de acciones, pero que desechó por ser parte de la realidad y no suficientemente extra-cotidiano; una anécdota suscitada después de acaecido el estreno de la obra; una interrupción impertinente mientras se llevaba a cabo el ensayo de "la obra de arte"; y usar todo este material como una dramaturgia de lo no dicho, una narrativa de lo no contado, un texto no declamado y precisamente el material que puede ser usado para un espectáculo teatral, que es como en mi caso se conformó la obra "Higiene", a partir de todas estas experiencias liminares al arte y que luego fueron dadas un tratamiento para deformarles en un intento por otorgarles un valor estético dentro de un nuevo ejercicio discriminatorio entre lo que es arte y lo que no: "la obra".

"Higiene" (Anexo IX) es la recopilación de episodios liminales a experiencias artísticas previas de los actores, y su unidad es, también artificial, conforma un cuerpo frankesteniano que sus autores han decidido circunscribir dentro de la noción de obra, para que todos estos materiales tengan una oportunidad de existencia, a partir de la dación de su nombre, que además de bautizar el trabajo se constituye en un enunciado performativo que inaugura una existencia, en la línea de lo propuesto por John Langshaw Austin (1998), o un *mandato* en términos de John Austin: ("un mandato se distingue de otras significaciones de deseo por esta peculiaridad: que la parte a quien el mandato se encuentra dirigida está expuesta a un mal por parte de la otra, en caso que no se conforme al deseo" (1861, págs. 5-6). El mal, en este caso sería la disolución de todo el contenido de la obra por no dotársele de oportunidad de existencia.)

La unidad del mito es sólo tendencial y proyectiva, no refleja nunca un estado o un momento del mito. Fenómeno imaginario implicado por el esfuerzo de interpretación, su papel es el de dar una forma sintética al mito, e impedir que se disuelva en la confusión de los contrarios. (Lévi-Strauss 1989 17)

Entonces, reconociendo la ficción creada, que es al tiempo una realidad creada, se erige un *corpus,* con una narratología particular que puede ser desentrañada desde el método de Propp (1998) o el de Greimas (1990) pero que es en últimas una sustancia con un centro artificial y *ad hoc,* semejante a los mitos y a la música.

> El mito y la obra musical aparecen así como directores de orquesta cuyos oyentes son los silenciosos ejecutantes. Si se pregunta dónde se encuentra el foco real de la obra, habrá que responder que su determinación es imposible. La música y la mitología confrontan al hombre con objetos virtuales, de los que tan sólo su sombra es actual...los mitos no tienen autores (Lévi-Strauss 1989 25)

La parergonalidad en el teatro

El método de composición escénica que propongo es confesadamente des-centralizado, pues al carecer de un texto dramático de autor, o de cualquier otro elemento unificante, más que la voluntad acuñadora de sus autores por asegurar de que se trata de un organismo, podría verse como una carencia, que sin querer refutarla, la entiendo como fortaleza:

> En lugar de ser demasiado grande, le falta algo, a saber, un centro que detenga y funde el juego de las sustituciones. Se podría decir, sirviéndose rigurosamente de esa palabra cuya significación escandalosa se borra siempre en francés, que ese movimiento del juego, permitido por la falta, por la ausencia de centro o de origen, es el movimiento de la suplementareidad. (Derrida 1989 397)

Tal suplementareidad es, en otras palabras, la parergonalidad, una confianza en el arte no como un compacto inembargable sino como un organismo permeable cuyo punto de fuga implica al tiempo una bocanada de aire que insufla a la obra de la solidez que ostenta.

DISCUSIÓN Y CONCLUSIONES

Descendiendo todo lo revisado respecto del arte y la realidad como una dupla cómplice y antagónica se ha complejizado su relación por encima de cualquier dogmatismo asentado por medio de analogías que abarcan otros elementos contiguos como la crítica del arte y el sujeto observador de arte. Se ha profundizado en la naturaleza sinalagmática que opera entre estos términos que ahora entendemos ya no como cristalizaciones herméticas, sino como entidades conceptuales sujetas a migraciones, mutaciones y permutaciones, así como de desplazamientos respecto de su jerarquía en lo que a céntricos o periféricos se refiere.

Esta línea de investigación parecería dejar pendiente el estudio de cuáles son los catalizadores para que tales desplazamientos ocurran, en términos políticos o sociológicos; también se han levantado dudas nuevas respecto del tipo de interacción que se suscita al interior de cada sujeto observador del arte, y de la batalla que se libra en su percepción entre lo *parergonal* y lo *ergonal* de una obra de arte. Quizás esto pueda ser abordado en ocasiones futuras con un enfoque auxiliado por la psicología y la fenomenología.

Lo céntrico y lo periférico ahora relucen no como categorías inmutables sino como aureolas que intempestivamente se invierten para dar lugar a una compleja danza de sustituciones y transformaciones por las cuales van transitando las entidades hoy revisadas y que sugieren una naturaleza móvil para la estructuración y lectura de los significados en el vasto seno del arte.

Conclusiones:

- Sobre el teatro en oposición de lo real: El teatro como fenómeno artístico se distancia de la realidad cotidiana por medio del proceso de virtualización que ha sido expuesto en esta tesis, pero el teatro en sí mismo puede también ser considerado un parergon por su habilidad para enmarcar una experiencia percibida y encomendarla al ámbito del arte, extrayéndola y enajenándola de la realidad cotidiana. Por lo tanto, a nivel conceptual, la noción de arte requiere de la oposición binaria de la realidad, pero hemos desentrañado que tal contraposición tiene que ser vista como una ficción metodológica y un bálsamo artificial útil para poder estudiar el acontecimiento escénico, cuya verdadera ontología rebasa cualquier binarización taxonómica.

- Sobre la sustancia que compone la "exterioridad" de la obra de arte escénica: En teatro, el parergon no es el contexto ni lo que está afuera de la obra, no es lo primero, porque el contexto es lo que ya está dado; y el parergon se ha revelado como una actividad que elaboramos activamente tanto actores como espectadores, con un nivel de libertad también discutido pero que no opera sin más sobre nosotros, sino que se construye hasta el momento mismo en que vamos a apreciar la obra y luego, conforme la atestiguamos/ejecutamos. No es lo segundo porque los elementos parergonales no alcanzan a abstraerse de la interioridad de la obra pues no llegan a configurar una aséptica externalidad respecto de ella, conforme la revisada deconstrucción derridiana del adentro/afuera. Por lo tanto es la combinación de ambos elementos los que permiten a la obra situarse en un lugar posicionalmente opuesto a la realidad únicamente a nivel semiótico, en la línea de lo anotado en la conclusión anterior.

- Sobre la parergonalidad como sustancia maleable: El parergon de una obra no puede ser manipulado enteramente por sus autores, quienes pueden tener un espectro de influencia sobre el mismo, como hemos dicho, ironizando a partir de las liminalidades, o rompiendo con los encuadramientos operantes (como los de tradición brechtiana), pero no pueden ingerir (al menos no de una sola vez), en la parergonalidad que cada individuo miembro de la audiencia trae consigo y con la cual percibirá la obra, por ejemplo las ideas que configura respecto del espacio de representación (sea un teatro de élite, callejero, comunitario, académico, y otros); o los conceptos previos que tiene respecto del teatro mismo como forma de arte; elementos condicionantes que serán material parergonante para el público, conjuntamente con el resto de asociaciones que se erigen respecto de todos los otros elementos intervinientes en el fenómeno escénico: lo cromático en los vestuarios (psicología del color); prejuicios sobre el aspecto de los actores mismos, referencias que poseen de la estética empleada y demás. Todo lo cual, desafía la noción de obra de arte como una impecable centralidad y más bien la muestra como el resultado de la interacción de múltiples dispositivos periféricos a ella.

Tal interacción puede ser directa o indirecta, según sea que afecten de manera inmediata y sin intermediarios a la obra misma; o indirecta, cuando recaen primero sobre quienes van a observarla y ulteriormente sí, al trabajo percibido.

- Sobre la posibilidad de que los contornos se vuelvan céntricos: La parergonalidad de una obra teatral se conforma de todos los dispositivos suplementarios a la misma (lo que pone en duda una cierta centralidad que exude el arte mismo de manera autónoma), que apuntando hacia ella, desde ése dentro/fuera derridiano, permiten que exista: explicaciones curatoriales, pases de mano, espacio de representación, y demás elementos propios de este arte, pero todos ellos sumados a la parerga que cada individuo posee y con los cuales *lee* la obra a la que se enfrenta, entre ellos contamos, además de los ya referidos, al conocimiento que pueda tener del grupo teatral, de si leyó o no al autor del texto teatral cuando niño, de sus experiencias previas viendo otras obras pertenecientes al mismo género (performance, comedia del arte, post-moderno, comercial y otros), o la noción que ha ido construyendo sobre el teatro. Todos estos elementos *parergonales* entrarán a dialogar conjuntamente con el *ergon* en el fuero interno de cada uno de los espectadores.

Sin querer inferir que los centros sean estériles, hemos atravesado con el presente estudio, un camino en el que se comprueba que la periferia también puede ser objeto de reflexiones teóricas, filosóficas, estéticas, luego, material idóneo para la construcción del arte, por tanto, se corrobora la posibilidad de que la periferia desplace al centro, pues, de todo lo expuesto se concluye que ambas son categorías no estableces, sino contingentes, fungibles y circunstanciales.

- Sobre la puesta en duda del arte como centralidad: La deconstrucción del adentro/afuera que hace Derrida no puede nihilizar la evidencia material y fehaciente del *ergon*, llámense partituras de movimientos, parlamentos, planta de desplazamientos, secuencias lumínicas, gestualidad, coreografías, composiciones vocales, escenografía, vestuarios y demás. Lo que se desafía es que toda esta sustancia pueda constituirse como arte por sí misma, sin el agenciamiento de una parergonalidad que le dé oportunidad de existencia, no pragmática, sino semiótica.

- Sobre la división binaria de los conceptos a nivel semiótico: Acorde a la conclusión primera, diré que las oposiciones conceptuales son tan artificiales como útiles, pues sus oposiciones delimitan contornos que pueden ser usados como solapas para inspeccionar la realidad: sustancia vasta e indivisible en principio ajena a categorizaciones, pero que no podría ser estudiada sin el auxilio de las mismas. Por lo tanto concluyo que estas divisiones (adentro/afuera; arte/realidad; ergon/parergon) no son tanto un problema mientras sean sostenidas como recursos ficcionales para generar conocimiento, pero no como categorías que suplantan o mutilen a la realidad, que ontológicamente está exenta de cualquier compartimentación.

REFERENCIAS

Allain, Paul. *The theatre practice of Tadashi Suzuki*. Bloomsbury Publishing, 2009.

Austin, Jhon. *The province of jurisprudence determined*. Dumond, 1861.

Austin, Jhon Lanwshaw. *Cómo hacer cosas con las palabras*. Paidós, 1861.

Benjamin, Walter. *La obra de arte en la época de su reproductivilidad técnica*. Itaca, 2003.

Betancourt, Carlos Ariel. *Primera muestra mundial de teatro*. Textos, 1972.

Boal, Augusto. *Teatro del oprimido*.Editorial Nueva Imagen, 1980.

Borgdorff, Henk. El debate sobre la investigación en las artes. *Kunst als Onderzoek*. AHK, 2008.

Brecht, Bertolt. *Escritos sobre teatro*. Alba Editorial, 2010.

Brook, Peter. *El espacio vacío*. Península, 2015.

Deleuze, Gilles. *Nietzsche y la filosofía*. Anagrama, 2006.

Derrida, Jacques. *La verdad en pintura*. Paidos, 2001.

---. *La estructura, el signo y el juego en el discurso de las ciencias humanas*. Anthropos, 1989.

---. *De la gramatología*.Siglo XXI Editores, 1986.

---. *Diseminations*. Athlone Press, 1981.

---. "The Parergon." 1978. Trans. Craig Owens (1979): 3-41.

---. (1968). La différance, el 17 de enero de 1968. *"Bulletin de la Societé francaise de philosophie"*, 45-99. (julio, septiembre) 1968.

Dubatti, Jorge. *Filosofía del teatro II*. Athuel, 2010.

---. *Filosofía del teatro III: El teatro de los muertos*. Atuel, 2014.

Duro, Paul. *The rhetoric of the frame: essays on the boundaries of the artwork.* University of Cambridge Press, 1996.

Dussel, Enrique. *Estética y ser.* Nueva América, 1994.

Eco, Umberto. *Cómo se hace una tésis.* Gedisa, 2009.

Goffman, Ervin. *Frame Analysis.* Univeristy Press of New England, 1979

Espiñeira, Keina. *El Centro y la Periferia. Una reconceptualización desde el pensamiento Descolonial.* Universidad Complutense de Madrid, 2009.

Féral, Jossette. *Theatricality: The specificity of language.* University of Wisonsing Press, 2002.

Foucault, Michael. *Historia de la sexualidad 1: La voluntad de saber.* Siglo XXI, 2006.

---. *Las palabras y las cosas.*Siglo XXI, 1968.

Galindo, Jorge. *Ervin Goffman y el orden de la interacción.* Acta Sociológica, 2015.

Greimas, Algirdas. *Semiótica. Diccionario razonado de la teoría del lenguaje.* Gredos, 1990.

Hall, Gregor. *Responding: a discussion with Samuel Weber.* South Atlantic Quarterly, 2002.

Hernández, Noemi. *Los marcos de la pintura. Una lectura de la verdad en pintura de Jacques Derrida.* Universitat Pompeu Fabra, 2013.

Hernández, Roberto. *Metodología de la investigación.* McGraw-Hill Interamericana de México, 1991.

Jakobson, Roman. *Ensayos de lingüística general.* Seix Barral, 1969.

Kant, Immanuel. (1999). *Crítica de juicio.* Espasa-Calpe, 1999.

Karim, Asim. *The scarlet letter and post-modernism*. English Language Studies, 2013.

Krieger, Peter. *La deconstrucción de Jacques Derrida*. Instituto de Investigaciones Estéticas, 2004.

Lacan, Jacques. *El seminario*. Paidós, 2001.

Lehman, Hans. *Teatro Posdramático*. Centro Párraga, 2013.

Lésper, Avelina. *Arte contemporáneo: el dogma incuestionable*. Esfera Pública, 2012.

Levensztejn, Jacques.. *Zigzag*. Aubier-Flammarion, 1981.

Lévi-Strauss, Claude. *Mito y significado*. Alianza Editorial, 2012.

---. Mitológicas de lo crudo y lo cocido. En J. Derrida, *La estructura, el signo y el juego en el discurso de las ciencias humanas* (p. 392). Antropos, 1989.

---. *El pensamiento salvaje*. Fondo de Cultura Económica, 1988.

---. *Las estructuras elementales del parentesco*. Paidós, 1969.

Lichte, Erika Fischer. *Estética de lo performativo*. Abada, 2011.

Little, Suzanne. *Framing dialogues*. Queensland University of Technology, 2008.

Lotman, Iuri. *La semiósfera*. Ediciones Cátedra, 1996.

Luzuriaga, Gerardo. *La generación del 60 y el teatro*. Universidad de California, 1980.

Masó, Joana.. *La paradoja del comentario sobre arte: Jacques Derrida ante el Greco, Henri Michaux antes de René Magritte*. Universidad de Barcelona, 2013.

Michaux, Henri. *En rêvant à partir de peintures énigmatiques*. Fata Morgana, 2012.

Nietzsche, Friedrich. *La genealogía de la moral.* Tecnos, 2003.

Oida, Yoshi. *El actor invisible.* Arte y Escena Ediciones, 2005.

Owens, Craig. *Detachment from the Parergon.* MIT Press, 1979.

Platón. *Diálogos.* Medina y Navarro, 1871.

Poveda, Jorge. (2016, Febrero 19). *La Sospecha Perpetua.* Retrieved from Una negra por cada blanca o la indispensable búsqueda del equilibrio: conversación con Patricio Vallejo Aristizábal: https://lasospechaperpetua.wordpress.com/2016/02/19/una-negra-por-cada-blanca-y-la-indispensable-busqueda-del-equilibrio-una-conversacion-con-patricio-vallejo-aristizabal-creador-del-grupo-contraelvientro-teatro/

Propp, Vladimir. *Morfología del cuento.* Akal, 1998.

Richards, Malcolm. *Derrida Reframed.* I.B. Tauris, 2008.

Saer, José. El dispositivo Genet/Sartre. Losada, 2003.

Sartre, Jean-Paul. *San Genet, comediante y mártir.* Lozada, 2016.

Saussure, Ferdinand de. *Curso de lingüística general.* Losada, 1945.

Shaikh, Salman. Ahmed. *Islamic Philosophy and the challenge of postmodernism.* Post-modern openings, 2009.

Shechner, Richard. *Estudios sobre la representación: una introducción.* Fondo de Cultura Económica, 2006.

Vallejo, Patricio. *La niebla y la montaña. Tratado sobre el teatro ecuatoriano desde sus orígenes.* Banco Central del Ecuador, 2011.

Villegas, Juan. *Historia multicultural del teatro y las teatralidades de América Latina.* Galerna, 2005.

Webber, Samuel. *The virtual reality of theater.* Queensland University Press, 1998.

ANEXOS

Anexo I

Ficha de observación (Técnica de medición no obstrusiva) de la obra "ArrebatOpus 52"

Nombre de la obra:	**ArrebatOpus 52**
Director:	Madeleine Loayza
Compañía o grupo:	3er año de la Carrera de Teatro de la Facultad de Artes de la UCE, período 2017-2017
Fecha de la representación:	Agosto 2017
Breve sinopsis:	Un grupo de bacantes emprende una serie de rituales conmemorativos, festivos y paganos para honrar a la fuerza descomunal de Dionisio.
Tipo de obra o género:	Teatro performático
Conocimiento previo a la representación o antecedentes	Sabía que las Bacantes eran las encargadas de llevar a cabo las bacanales en la época de la civilización griega o romana. Sabía que las actrices y actores iban a usar un vestuario que consistía primordialmente en togas blancas cubriendo su desnudez porque había visto al elenco entrar y salir de ensayos. Conocía también que una de las tendencias más importantes dentro del montaje eran los elementos performáticos, pues había conversa-do con anterioridad con algunos de los actores.
Presencia de elementos parergonales preliminares identificados durante la obra	Una camioneta sobre la que están desplazándose una gran cantidad de actores sorprendió a la audiencia antes de siquiera entrar al espacio de representación, que era el Teatro de la

Facultad de Artes. Con cantos y danzas marcaron un cierto recorrido bordeando al teatro, mismo que culminó una vez que ingresamos conjuntamente.

En otra función de la misma obra pude atestiguar que había actores ubicados en las copas de los árboles aledaños a la Facultad de Artes, trepados ahí hacían sonidos atmosféricos con su propio aparato fonador y parecían tratar de envolver a la audiencia que no acababa de salir de perplejidad.

Tenía yo una sensación de estar por acudir a una representación exclusiva, o en todo caso, no popular, pues era una obra que requería "invitación previa", por lo que sentí que se trataba de un acontecimiento erestringido y limitado, al menos por aforo.

Preconcepciones respecto del espacio de representación

El Teatro de la Facultad de Artes de la Universidad Central del Ecuador es para mí un sitio familiar, pues no sólo que he visto múltiples productos escénicos, sino que yo mismo me he presentado con mi trabajo en tal sitio. Este espacio representa para mí un lugar de socialización de trabajos primordialmente académicos pero también profesionales. El nivel de trabajos que he visto allí es siempre alto y de vanguardia, o que en todo caso ha constituido una experiencia teatral satisfactoria.

Preconcepciones respecto del grupo o actores participantes

Aunque conocía a la mayoría de actores del elenco, creo que no les había visto actuar nunca antes o presentarse en el marco de una obra de teatro, salvo pocas excepciones de quienes me habían invitado a ver algún monólogo o trabajo suyo corto.

La parergonalidad en el teatro

No obstante, si he visto actuar y también he presenciado múltiples acontecimientos teatrales dirigidos por Madeleine Loayza, y a breves rasgos puedo decir que su trabajo ha ido trazando una proyección desde lo naturalista hasta lo post-dramático, pasando por lo brechtiano, y el teatro de imagen.

Conocimiento previo del texto o temática a representarse

No he leído las Bacantes de Eurípides, pero conozco que los rituales que llevaban a cabo, representan, dentro de la historia del teatro, un antecedente pagano y vulgar del arte escénico.

Percepción de los afiches o material publicitario

El material publicitario que conocí con antelación se difundió en redes sociales (Anexos 2 y 3) y la primera impresión que tuve es que se trataba de un trabajo complejo, desafiante, pero muy estilizado. Las posiciones de los cuerpos y la fotografía en si misma me resultaron intrépidas y atractivas.

Uso del espacio extra-escénico

Si. Se vuelve difícil determinar cuál es el espacio extra escénico de esta obra, en la medida en que son incorporados los callejones, las laderas, los senderos y jardines que bordean al teatro, incluso, dentro del teatro mismo, la representación excede al escenario y se extiende hasta los camerinos, hasta la zona de descarga, hasta el espacio de las butacas de los asistentes, así como también los espacios que normalmente están destinados únicamente para el personal técnico del teatro.

Anexo II Material publicitario para "ArrebatOpus 52"

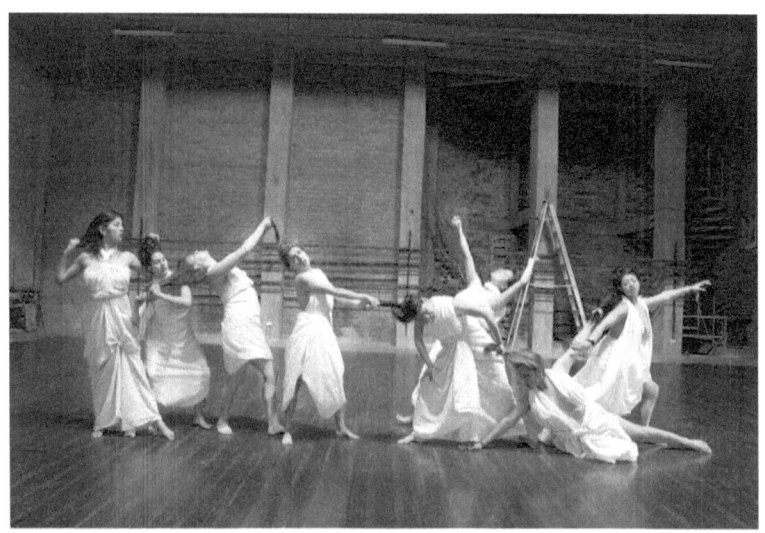

Anexo III Afiche promocional de "ArrebatOpus 52"

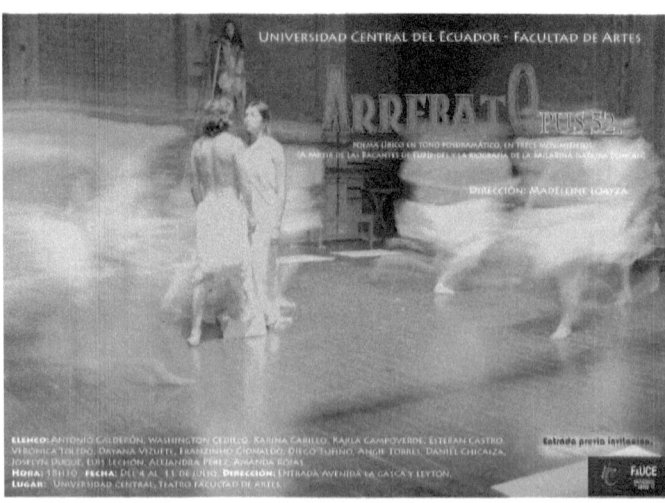

Anexo IV

Ficha de observación (Técnica de medición no obstrusiva) de la obra "Sueño de Shakespeare o una pesadilla luego de una ingestión de opio"

Nombre de la obra:	**Sueño de Shakespeare o pesadilla luego de una ingestión de opio**
Director:	Juan Manuel Valencia
Compañía o grupo:	2do año de la Carrera de Teatro de la Facultad de Artes de la Universidad Central del Ecuador. Período 2017-2017
Fecha de la representación:	Agosto 2017
Breve sinopsis:	William Shakespeare se encuentra en un bar a punto de encontrar la quintaescencia para la creación literaria, si no fuera porque la misma consiste precisamente en irrupciones desenfrenadas y súbitas de los personajes que tratan de desencriptarse de la realidad artística para reclamar una existencia autónoma. Entre los beligerantes se cuentan a Romeo y Julieta y a Hamlet.
Tipo de obra o género:	Teatro con influencias naturlistas, post-dramáticas y con elementos de la comedia del arte.
Conocimiento previo a la representación o antecedentes	Conozco Shakespeare como un autor fundamental del teatro universal y como ícono de la época isabelina.
Presencia de elementos parergonales preliminares identificados	Antes de que comience el espectáculo, una de las actrices del elenco salió a recibir al público pero ya entrada en personaje, por lo que, al inicio me provocó una incertidumbre, pues conozco a la actriz personalmente pero no entendí que ya se encontraba en estado de representación, por lo que me dirigí a ella como lo haría normalmente, sólo

para luego darme cuenta de que un personaje de la obra había excedido los parajes de la misma en un intento por contactar con la audiencia antes de que siquiera arranque.

Preconcepciones respecto del espacio de representación

El espacio destinado para la obra ya era conocido por mí, de hecho he tomado algunas clases en el sitio, que es uno de los salones de clase de la Facultad pero que ha sido adaptado, adecuado, pintado y mejorado para la representación.

Preconcepciones respecto del grupo o actores participantes

Había escuchado que se trataba de un grupo de gran pujanza y disciplina, que habían logrado una buena dupla con su maestro de actuación y que probablemente sería un buen trabajo. Había visto en ocasiones previas, varios montajes de este director, respecto de cuyo trabajo he escrito análisis y crónicas en mi sitio web personal, sin embargo, nunca había presenciado un espectáculo montado con estudiantes que cursan los primeros años de la carrera de actuación.

Conocimiento previo del texto o temática a representarse

Había estudiado con anterioridad brevemente la dramaturgia del autor inglés y he atestiguado algunas puestas en escena de sus textos. No obstante no sabía muy bien si ésta era una obra original, una adaptación o un montaje fiel a un texto previo.

Percepción de los afiches o material publicitario

Detesté el afiche promocional (Anexo 5) y lo consideré por encima de cualquier desatino, me resultó dejado y simplista. Estoy consciente de que este fue el único elemento que mermó mi entusiasmo por acudir al evento.

Uso del espacio extra-escénico

Por parte de la actriz referida previamente, quien excedió incluso los límites del proscenio, para dar la bienvenida personalmente a quienes asistíamos al espectáculo.

Mi análisis ampliado de la obra   https://lasospechaperpetua.wordpress.com/2017/07/11/el-orgiastico-brindis-y-el-derroche-de-la-fertilidad-en-arrebatopus-52-performancia-dirigida-por-madeleine-loayza-con-los-estudiantes-del-3er-ano-de-la-carrera-de-teatro-de-la-uce/

Anexo V

Afiche promocional de la obra "Sueño de Shakespeare o una pesadilla luego de una ingestión de opio"

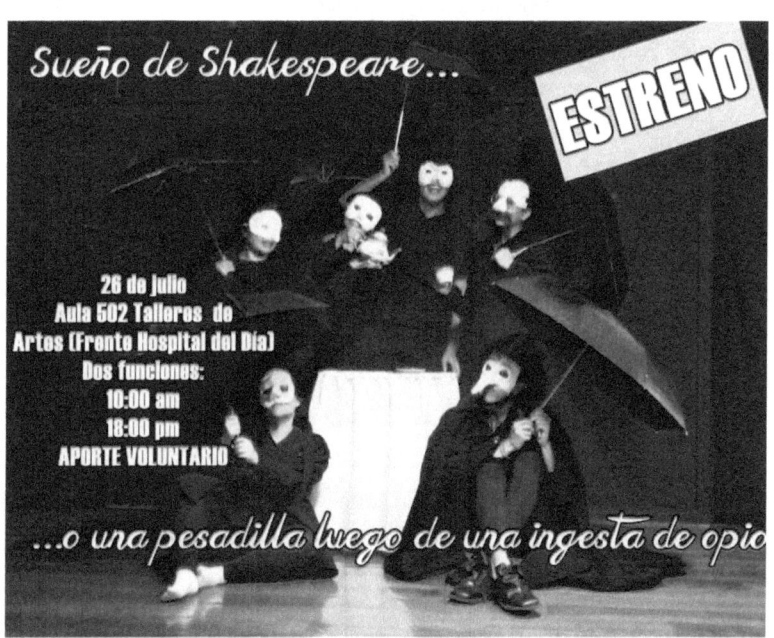

Anexo VI

Ficha de observación (Técnica de medición no obstrusiva) de la obra "Gratitud".

Nombre de la obra:	**Gratitud**
Director:	Ximena Felicita
Compañía o grupo:	Grupo de Teatro Música Danza Kalle Luna Kalle Sol
Fecha de la representación:	Septiembre del 2017
Breve sinopsis:	Un personaje interviene en el espacio público en lo que parece ser un acto perfor-mático que conecta con la gente desde una extrañeza anacrónica, usando una imaginería alusiva a las tradiciones indígenas ecuatorianas, tanto en utilería como en el vestuario, la actriz se desplaza marcando un claro paralelismo respecto de otra teatralidad que se estaba dando al mismo tiempo: una misa de tradición católica.

Rito eclesiástico y rito pagano parecían contraponerse, durante el instante de la representación en el que Ximena moviliza su cuerpo de formas extra-cotidianas y no descriptivas, que dejan la sensación de atestiguar la comunión de un ser con aquello a lo que se consagra. |
| *Tipo de obra o género:* | Danza Butoh |
| *Conocimiento previo a la representación o antecedentes* | Había recibido comentarios positivos por parte de una colega de trabajo que me dijo haber estado muy a gusto y muy enigmada con el trabajo en cuestión pues ya se había presen- |

La parergonalidad en el teatro

Presencia de elementos parergonales preliminares identificados

Preconcepciones respecto del espacio de representación

Preconcepciones respecto del grupo o actores participantes

Conocimiento previo del texto o temática a representarse

Percepción de los afiches o material publicitario

tado en una ocasión previa en otro espacio público.

La obra misma parece constituirse en una parergonalidad respecto de una teatralidad *otra* que se estaba suscitando al mismo tiempo. Esta co-existencia de las dos propuestas escénicas, sugiere la pregunta ¿quién se constituye en centro y quién se constituye en periferia? La única certeza es que, desde la oposición, ambos trabajos, uno irrefutablemente teatral y el otro una convención religiosa, parecían generar puntos de convergencia indiscutibles.

El lugar donde se iba a presentar el trabajo era en las afueras de una iglesia muy conocida de la ciudad de Quito. Había estado con anterioridad en el sitio pero nunca había entrado al recinto eclesiástico y desconocía con certeza en qué parte de todo el espacio se iba a desenvolver la performancia.

Nunca había visto a la actriz trabajando pero la conocía someramente, y entendía que ella estaba interesada en la cosmovisión andina, así como en la dimensión ancestral de la cultura nacional ecuatoriana.

Había estudiado antes la técnica de la danza butoh pero solo a nivel teórico, no la había practicado ni había visto en persona un espectáculo.

En redes sociales había visto algunas imágenes del trabajo (Anexos 7 y 8), en donde se vislumbra a la actriz, su vestuario y su maquillaje y también su desnudez. Me evocó una tendencia relacionada al teatro antropológico.

Uso del espacio extra-escénico

Si se considera a la iglesia como un lugar convencional para el ejercicio de una teatralidad en el marco de una tradición religiosa, se podría argüir que "Gratitud" ocupa precisamente el espacio extra-cotidiano, pues aunque la actriz nunca llega a ingresar jamás al recinto católico ni interrumpir la ceremonia, es enteramente consiente de tal acontecimiento e indiscutiblemente su propuesta está matizada por ella.

Anexo VII Material publicitario para la obra "Gratitud"

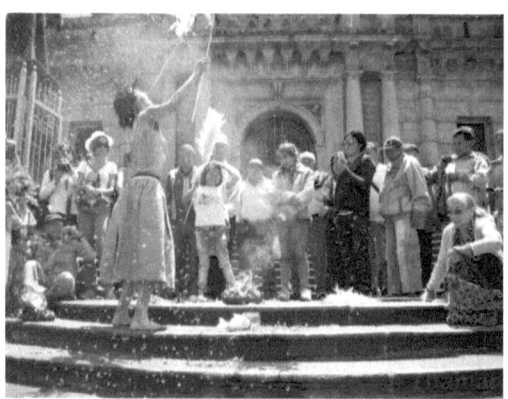

Anexo VIII Afiche promocional de la obra "Gratitud"

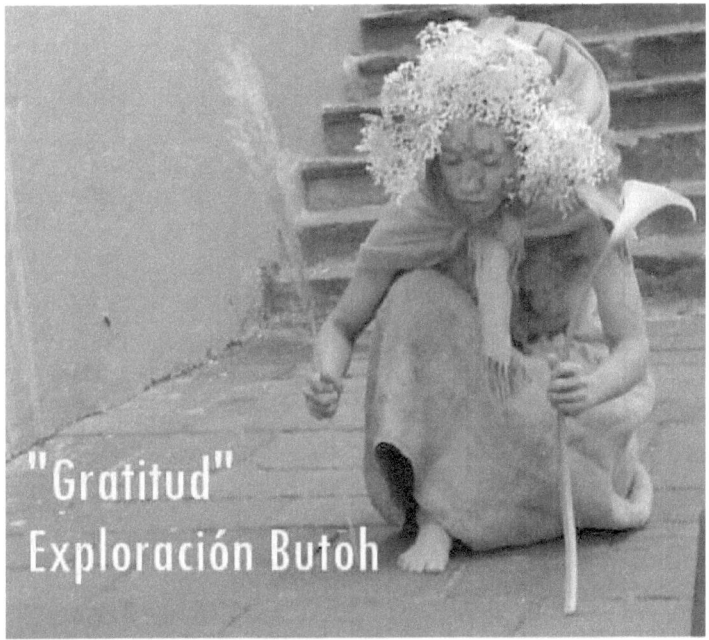

Anexo IX

Bitácora del proceso creativo. Obra "Higiene"

Febrero 17
- Discusión previa. Surge el vaporwave como referencia estética. Se plantea un primer esquema espacial para encausar los desplazamientos de los actores.

Febrero 21
- Repaso individual para creación de personajes identifiicados como periféricos a las experiencias artísticas previas de cada actor. Pueden aludir a alguna obra pero deben ser ajenos a ella.

febrero 23
- Muestra de los 2 primeros personajes configurados. Existe una rudimentaria estructura de acciones físicas para cada uno.

febrero 28
- Muestra del personaje faltante de cada uno de los actores. Se plantea la necesidad de filmar los ensayos con el fin de tener material con el cual cobrar conciencia de errores y aciertos.

marzo 2
- Nueva propuesta de vestuario. Chaquetas de jean y con imaginería militar. Intercalando según el personaje. Es necesario pulir los 3 personajes que cada uno tiene. Se plantea la necesidad de crear 2 más.

marzo 7
- Primera revisión de los personajes adicionales y repaso de los personajes anteriores. Lo acordado es recuperar, ahora a nivel personal, experiencias liminales al arte.

marzo 9
- Creación de un espacio parergonal a la obra mediante medios múltiples, proyección de imágenes que interactúen con la propuesta escénica y que la interroguen, desde un *afuera* que se percibe desde adentro

marzo 14
- Ensayo de cuadro I con la creación de una premisa espacial más fuerte que encause y modifique el desempeño de los actores en la escena.

marzo 21
- No se ha logrado todavía asimilar las distinciones del espacio planteadas, es necesario robustecer esta conciencia de los actores.

marzo 23
- Incorporación de elementos de utilería: una laptop vieja. Incorporación de elementos de vestuario: unos guantes de color verde flourescente y pins para usarlos en las chaquetas.

marzo 28
- Planteamiento de nueva estructura global de la obra. Cuadro I como un desarrollo corporal y manejo espacial (prioritariamente) y cuadro II como una performancia vocal.

La parergonalidad en el teatro

abril 4
- Primer ensayo del cuadro II. Considerando lo onírico, como una paralela, y como una parergonalidad, no solo de la escena, sino del mundo del hombre despierto, del "hombre de día" referido por Bachelard.

abril 6
- No hay ensayo práctico. Se discuten las reformulaciones que tienen que hacerse al cuadro I y se abordan las primeras impresiones surgidas del ensayo I.

abril 11
- Incorporación de un dispositivo parergonal en la línea de rompimientos brechtianos que servirán de transición entre un personaje y otro y a manera de relajación de la tensión generada.

abril 13
- Filmación de ensayos del cuadro I. Personajes que se alcanzan a revisar: El afeminado, la mojigata, Melo, la comedida y finalmente el Marinero y su acompañante. No se alcanza a filmar a Morelio.

abril 18
- Se revisan las propuestas de vestuario primordialmente para el cuadro III. No se hace ensayo práctico, pero se revisa el cronograma para los meses posteriores a nivel logístico y administrativo.

abril 20
- Ensayo del cuadro I. Se revisan los personajes, se hacen sugerencias y se toma el tiempo de cada uno con el fin de plantear recortes o añadiduras.

abril 25
- Confirmación de bosetos definitivos para realización de vestuarios y coordinación con Anita Cobagango para la confección de los mismos.

abril 27
- Se decide deshechar la escenografía planteada únicamente en términos físicos, pero se concuerda mantener a manera de asignaciones espaciales lo ya formulado anteriormente con los objetos.

mayo 2
- Nuevas premisas corporales para cada uno de los personajes, que signifiquen un reto y al mismo tiempo un recurso para los actores.

mayo 4
- Reformulación de la pista usada para el cuadro II. Se tenía previsto un mix de vaporwave, similar al del cuadro I, sobre el cual improvisar pero no funcionó.

mayo 9
- Primera práctica con la nueva pista de audio para la performance sonora. Se revela la necesidad de incorporar silencios y trabajar con distintos volúmenes.

mayo 11
- Incorporación de efectos sonoros para alterar, distorsionar, reducir, interrumpir o saturar la onda de sonido para el cuadro II con el fin de dar variedad de estímulos a los actores.

mayo 18
- Se abordan temas filosóficos, estéticos e ideológicos que sostienen a la obra en función de los intereses artísticos de los actores. No hay ensayo práctico.

mayo 23
- Correcciones mutuas para incorporarse a los personajes creados. Se maneja la lógica de un actor actúa y el otro actor dirige.

mayo 25
- Primera pasada completa de la obra. Aunque no está terminada tenemos una estructura sólida para los cuadros I y II de la misma.

mayo 30
- Segunda pasada completa. Se plantea la necesidad de la ayuda a nivel técnico, pues los actores estamos reproduciendo la música, colocando la escenografía y ésto interrumpe el normal desenvolvimiento del trabajo.

junio 1
- Creación de una introducción para la obra, que juegue con el elemento de lo ridículo y que permita jugar con la situación misma de que se está afrontando un proceso de titulación.

junio 6
- Realización de bocetos y sketches, a manera de secuencias gráficas con la técnica del dibujo en cumplimiento de lo acordado con mi compañero.

junio 8
- Muestra de los bocetos a mi compañero para plantear espacialmente y también en términos de desplazamientos el cuadro III.

junio 15
- Muestra del trabajo práctico a Juan Arellano.

julio 6
- Se plantea un nuevo cronograma de ensayos para el período de vacaciones, cambiando horarios y considerando la necesidad de dedicar un día de filmación para material audiovisual a usarse en cuadro III.

julio 7
- Se deshecha la introducción. Se plantea además la posibilidad de escindir el presente trabajo práctico debido a desacuerdos entre los dos actores.

julio 25
- Primera revisión de los vestuarios confeccionados por Anita Cobagango. Hoy no hay ensayo práctico.

agosto 3
- Propuesta y escogitamiento de materiales y fotogramas audiovisuales para la confección del material que se usará en el cuadro III. La estética en este caso apunta a lo gore y al espanto.

agosto 4
- Se decide reducir el número de personajes de 6 a 4. Pues el cuadro II dura demasiado tiempo. Se toma en consideración la afinidad de los actores con lo creado y la habilidad para representarlo.

La parergonalidad en el teatro

agosto 10
- El teatro de la facultad de artes no está disponible debido al periodo de vacaciones. Ensayos en el parqueadero de la Universidad con el vehículo. Cuadro I. No se alcanza a repasar el cuadro II.

agosto 17
- En esta sesión tampoco se alcanza a ensayar el cuadro II conforme a lo planeado pero se discute la posibilidad de incorporar nuevos textos a la propuesta de índole personal para robustecer las imágenes.

agosto 24
- Se decide la utilización de nuevos textos para la propuesta, pero no serán declamados, sino que se usarán como una sub-partitura en el sentido Grotowskiano del término.

agosto 25
- Inversión del orden la propuesta. Hasta este punto, el cuadro I implicaba la exposición de los 4 personajes que escogimos previamente, 2 Omar y 2 para mi. Se ve la necesidad de cambiar el orden con el cuadro II que hasta esta fecha era la performancia sonora.

agosto 31
- Puesta en práctica de las reformas del anterior ensayo. Improvisación conjunta y secuencial, sin detenerse de los cuadros I y II.

sept 5
- Modificaciones a la pista de audio utilizada en la performance vocal. Aumento de tiempo, duplicación de efectos e incorporación de silencios para poder desarrollar más profundamente las frases dichas.

sept 7
- Discusión conceptual y alineación de los materiales explorados en función de los presupuestos teóricos y filosóficos escogidos. Hoy no hay ensayo práctico.

sept 8
- Primera improvisación para el cuadro III. Ingreso del vehículo en el teatro mediante la zona de descarga.

sept 21
- Coordinación con Marcos Camacho. Técnico del teatro para manejo de los controles y reproducción de los materiales audio-visuales a usarse en la propuesta.

sept 22
- Práctica del cuadro I. Especificación de nuevas premisas para tratamiento del espacio.

sept 29
- Práctica del cuadro III con partitura de acciones que incorporan al vehículo, pero esta vez buscando nuevos materiales, y nuevas acciones que pueden surgir de la estructura misma del objeto.

octubre 5
- Guionización de textos, propuesta de Omar Villacís para el cuadro I (performancia sonora), debido a la necesidad de fijar unos ciertos materiales en contraste con la improvisación corporal.

octubre 6
- Escogitamiento de textos definitivos. 6 frases en total, cada una con posibilidad de 4 repeticiones. 3 iniciadas por Omar y 3 iniciadas por mi.

Anexo X

Afiches promocionales de la obra "Higiene".

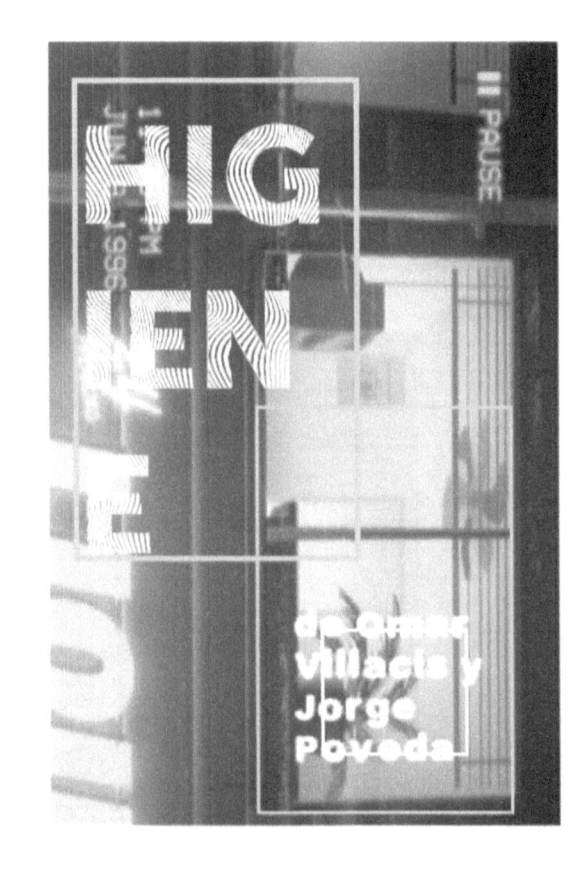

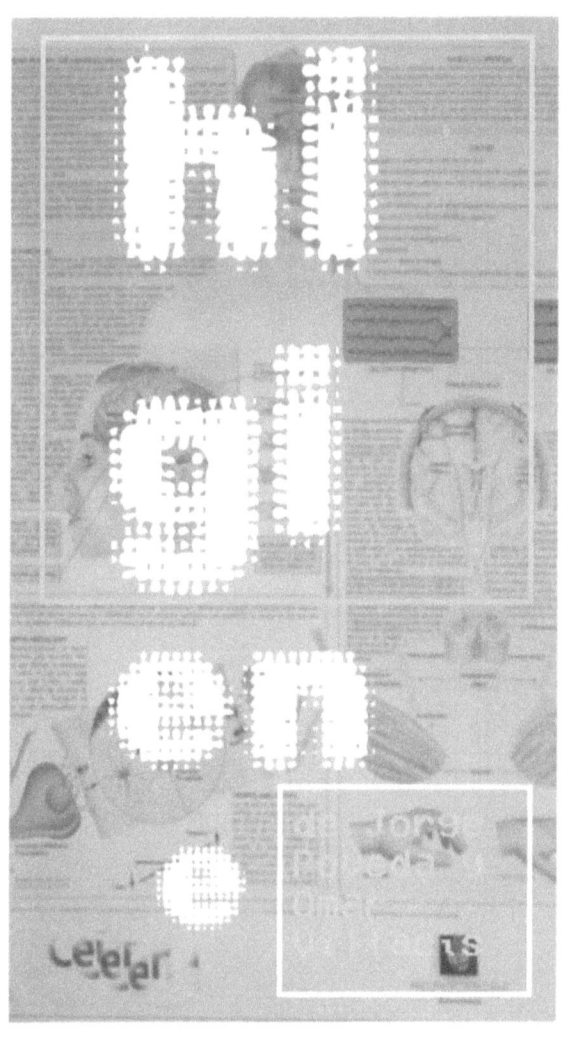

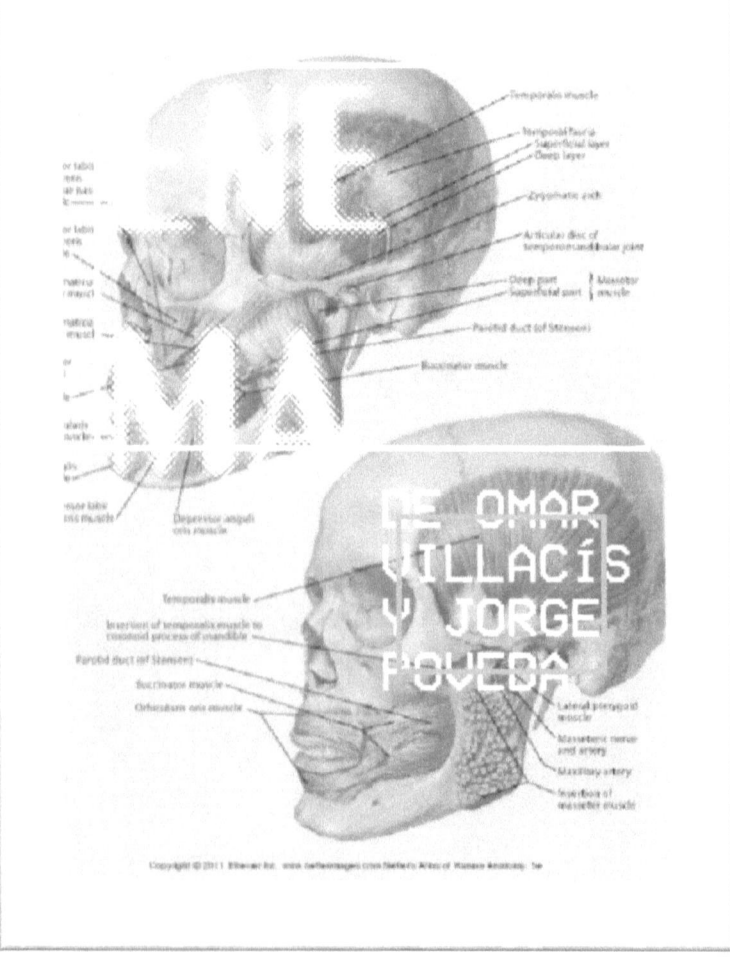

Anexo XI

Bocetos de vestuario obra "Higiene"

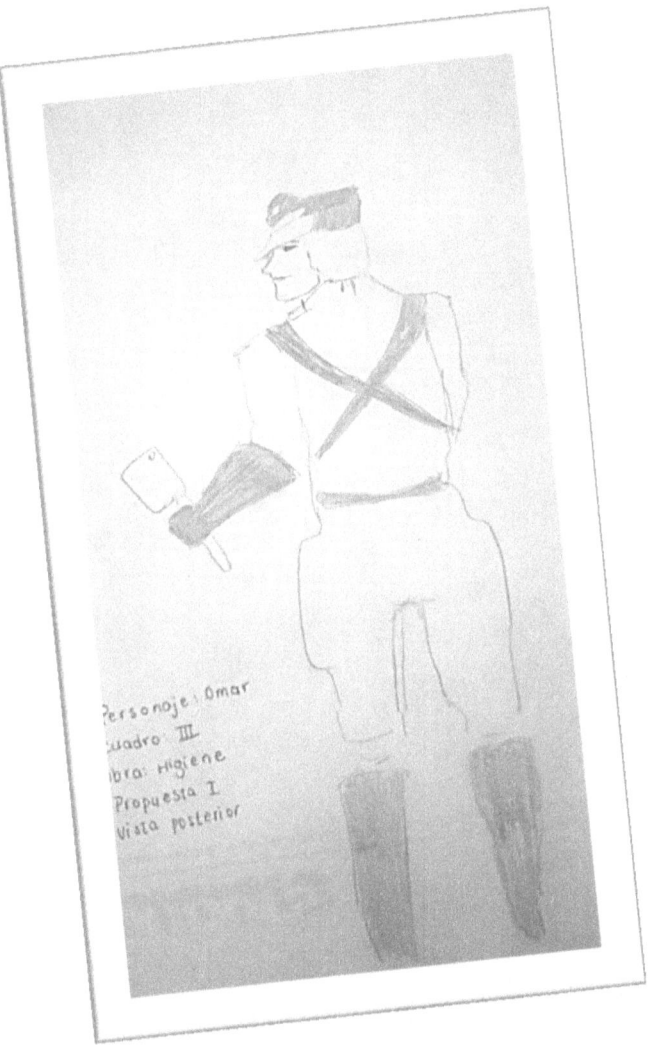

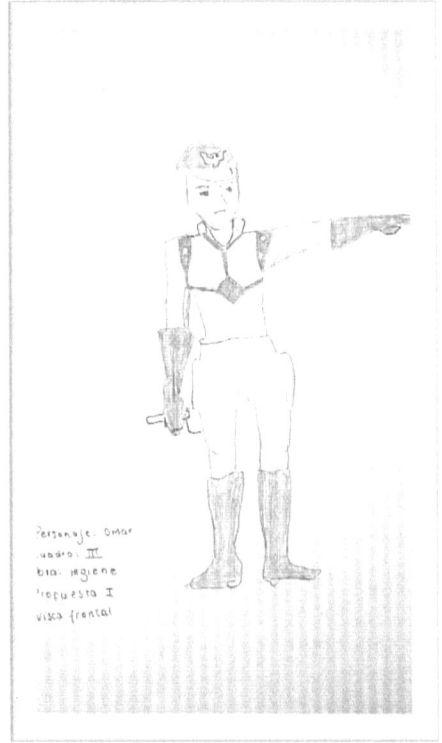
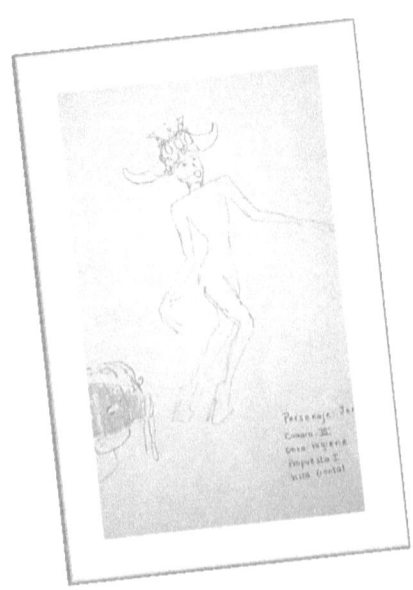

La parergonalidad en el teatro

Anexo XII

Secuenciación gráfica y bocetos de trayectorias. Escena III. Obra "Higiene".

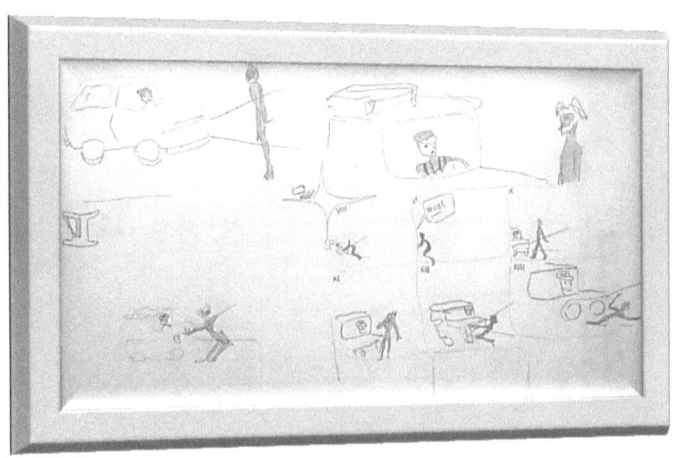

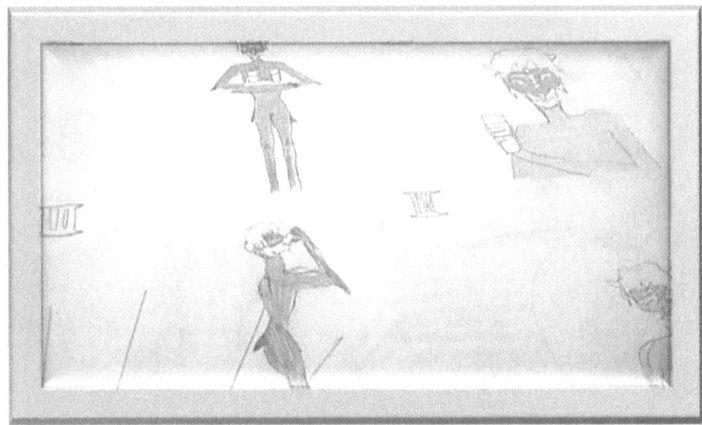

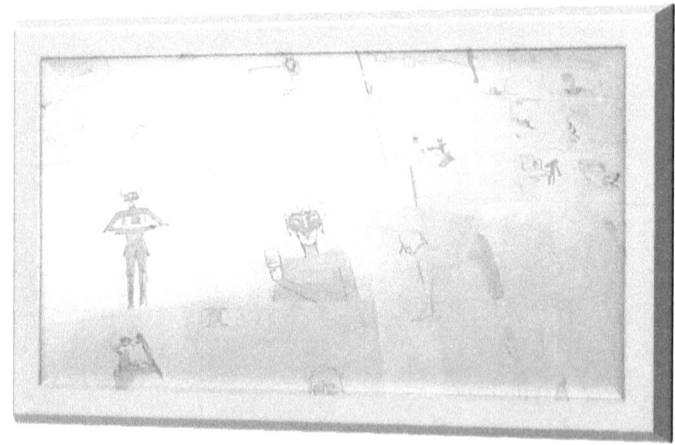

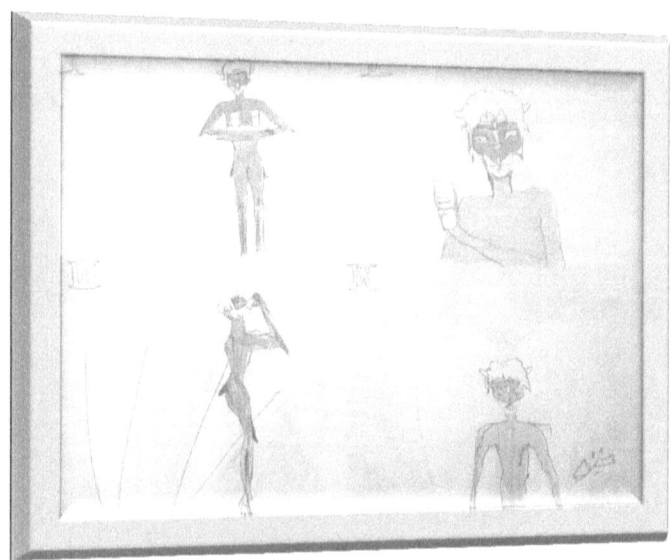

Anexo XIII

Video "Redención violenta". Usado en la Escena III. Obra "Higiene".

Secuenciación, edición y montaje: Jorge Poveda
Disponible en: https://www.youtube.com/watch?v=xtn_HdGM7Gs

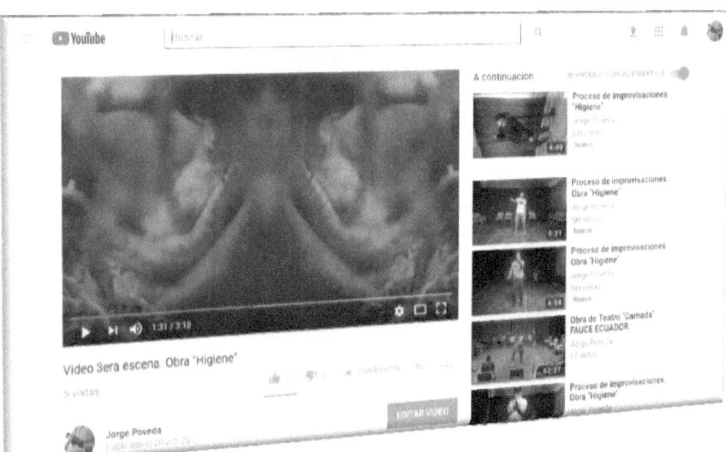

Anexo XIV

Videos de registro del proceso de improvisaciones. Escena II. Obra "Higiene".

Personaje: Marinero y su copiloto

Disponible en: https://www.youtube.com/watch?v=lzdYD1Ghxug

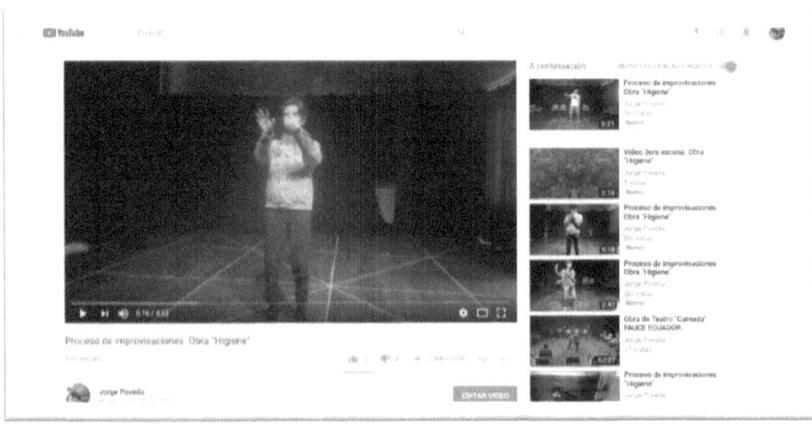

Personaje: La comedida
Disponible en:
https://www.youtube.com/watch?v=h6plmDSsrdw

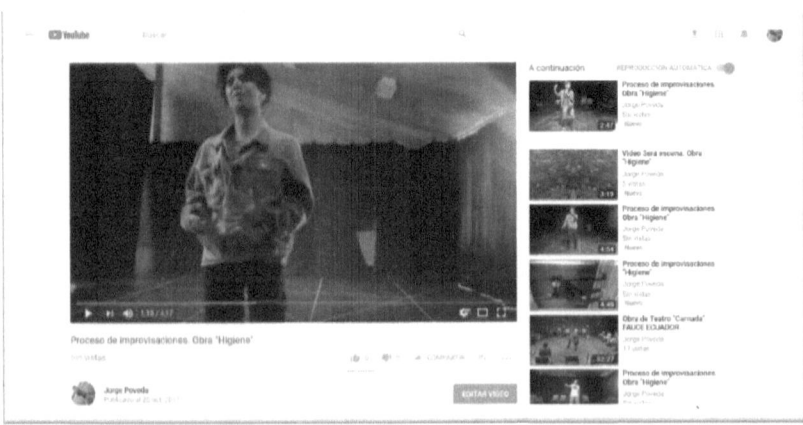

Personaje: El amanerado

Disponible en:
https://www.youtube.com/watch?v=DGPFl17tfuc

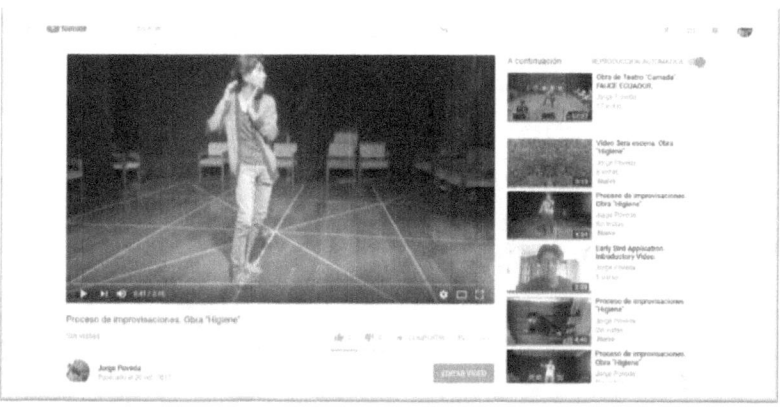

Personaje: La mojigata
Disponible en:
https://www.youtube.com/watch?v=SkrdqLOmB1U&t=4s

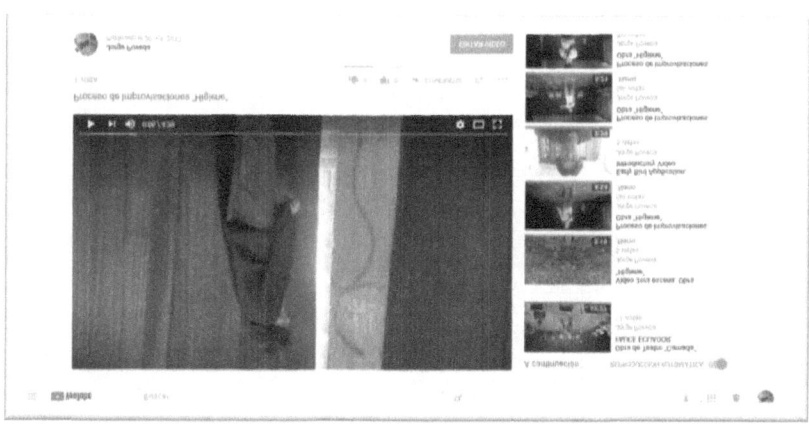

Personaje: Melo
Disponible en:
https://www.youtube.com/watch?v=HyAob2pGWTE

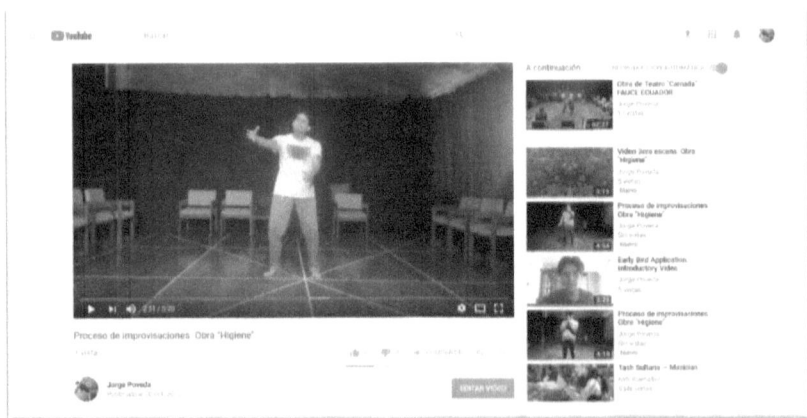

Anexo XV

Imágenes proyectadas durante la Escena II. Obra "Higiene".

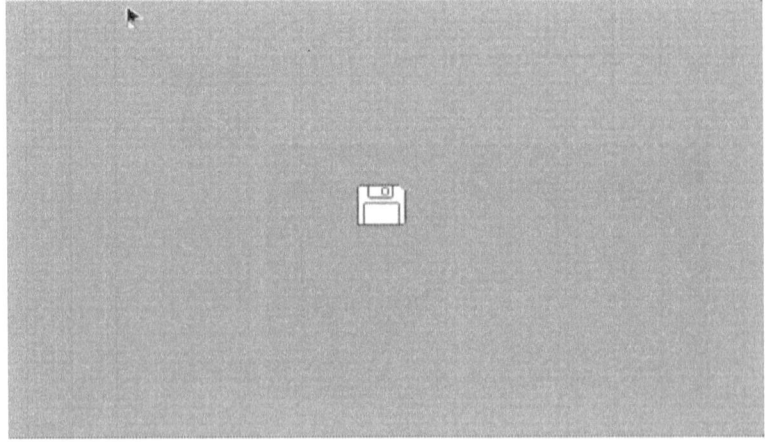

La parergonalidad en el teatro

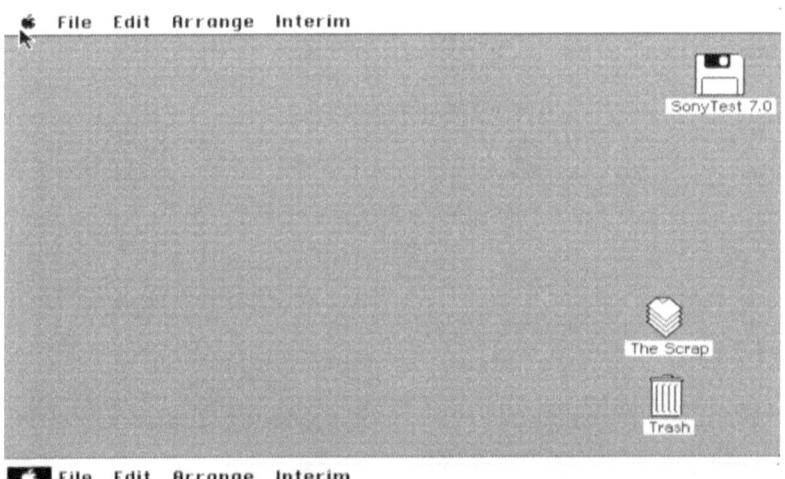

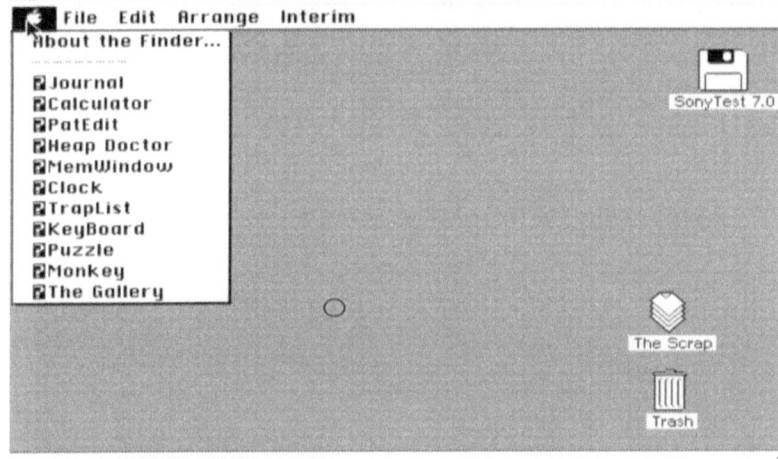

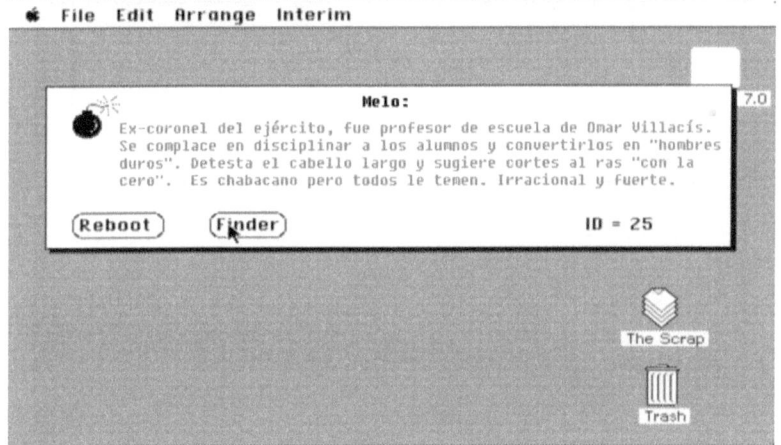

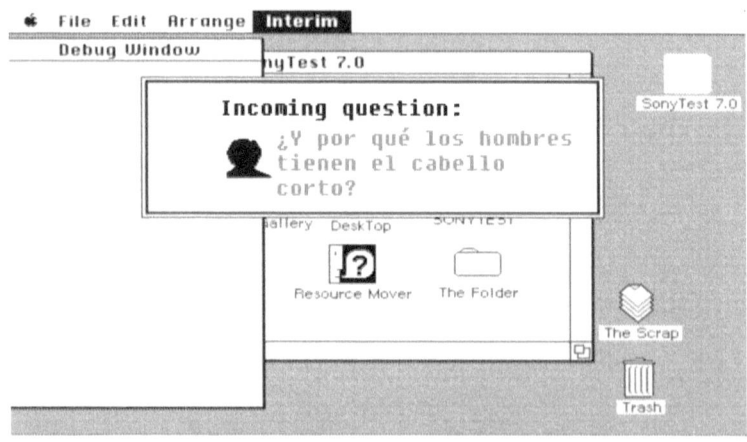

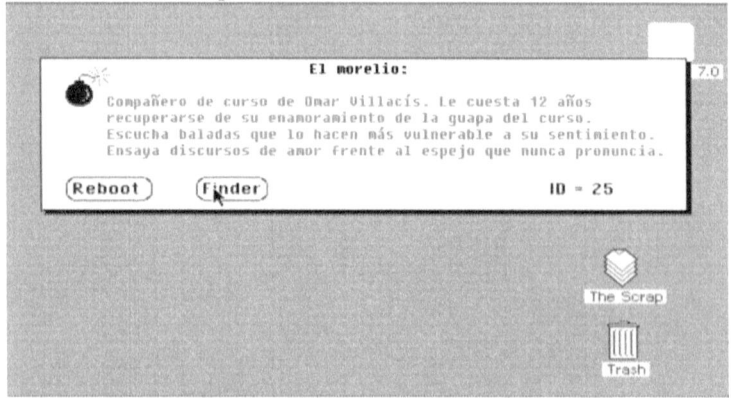

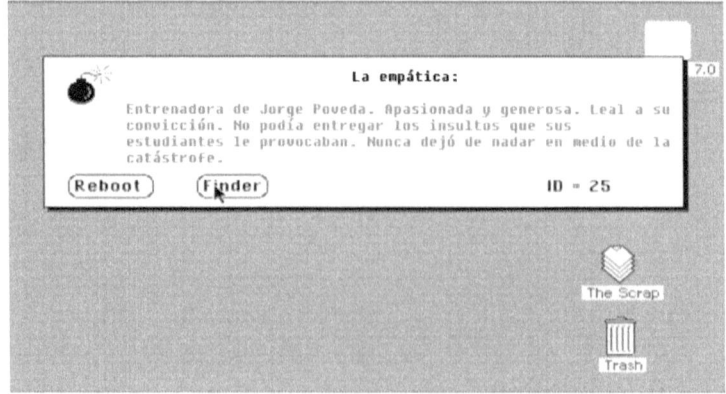

La parergonalidad en el teatro

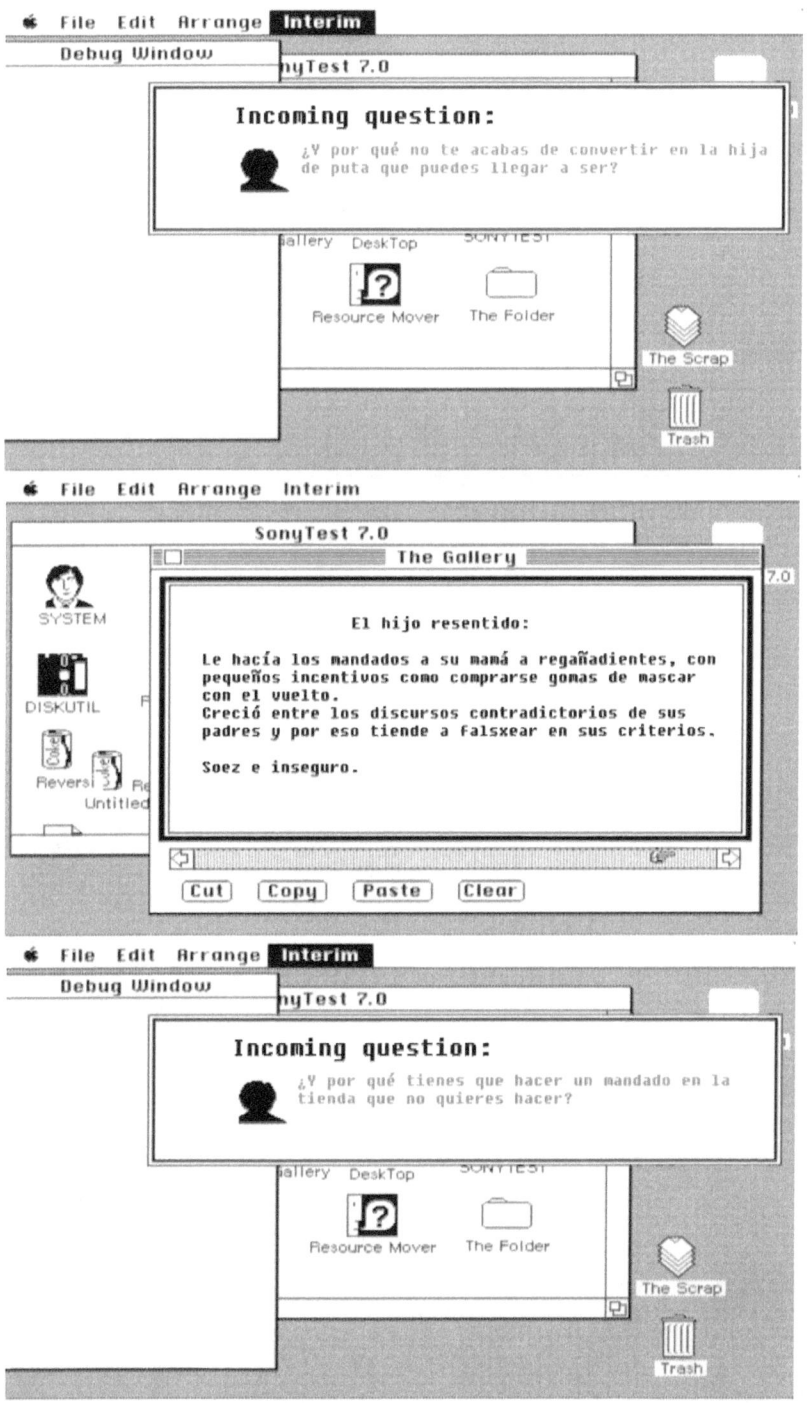

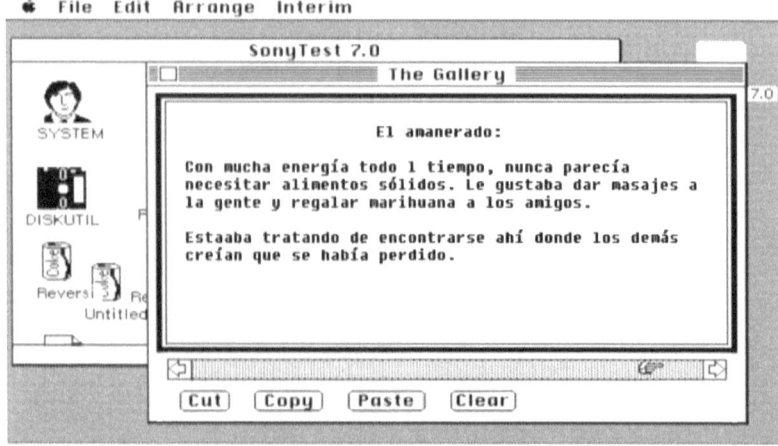

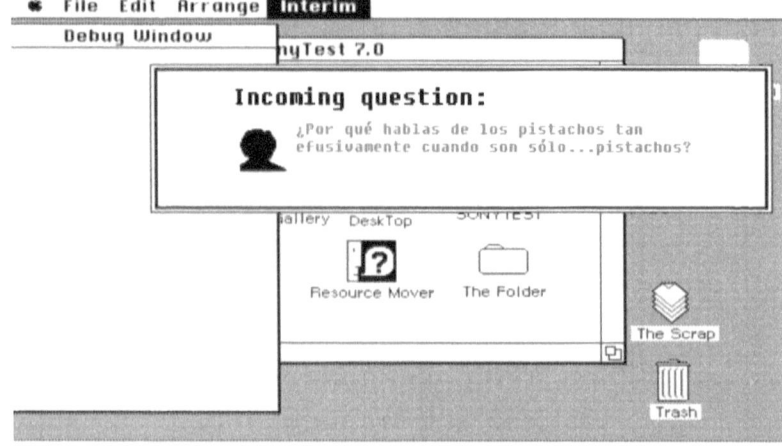

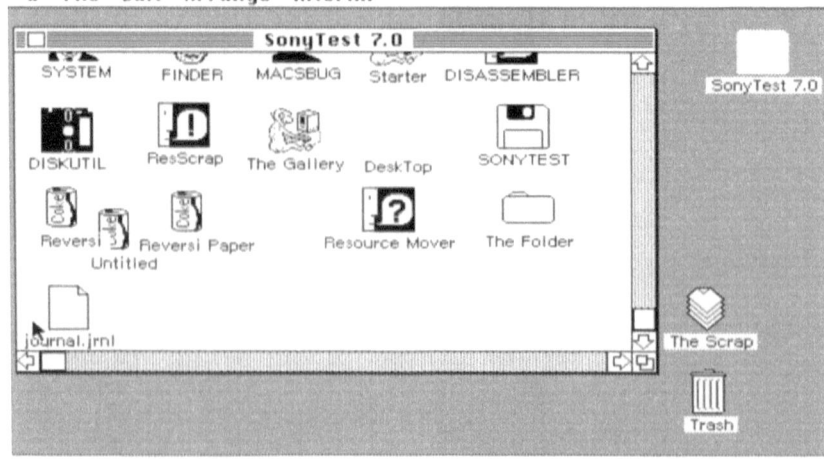

La parergonalidad en el teatro

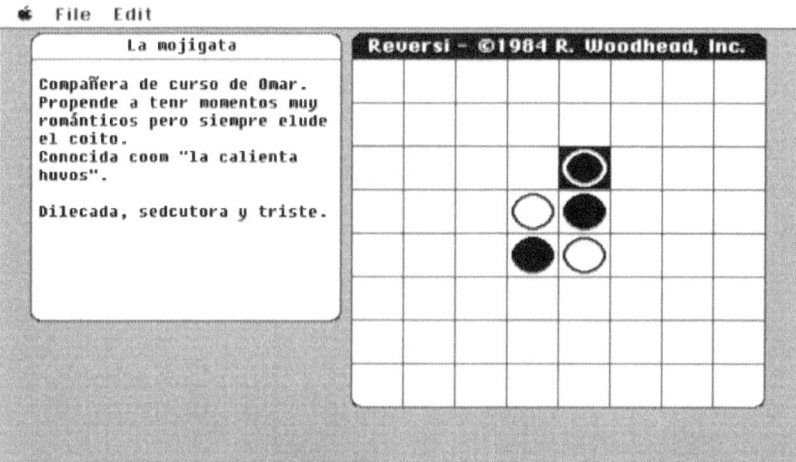

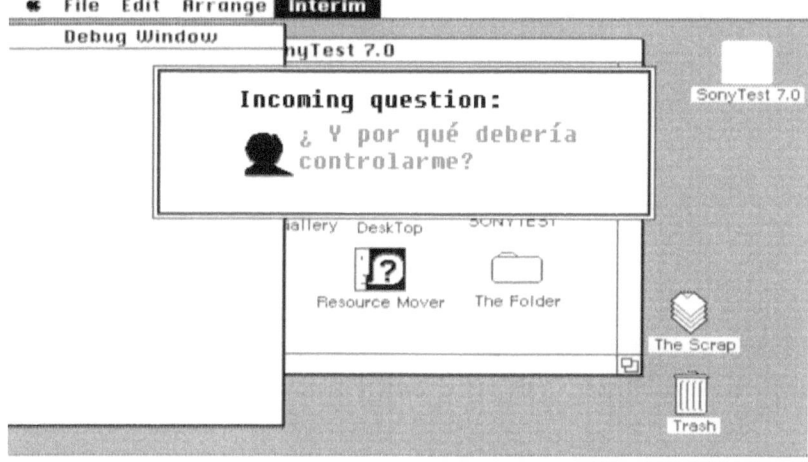

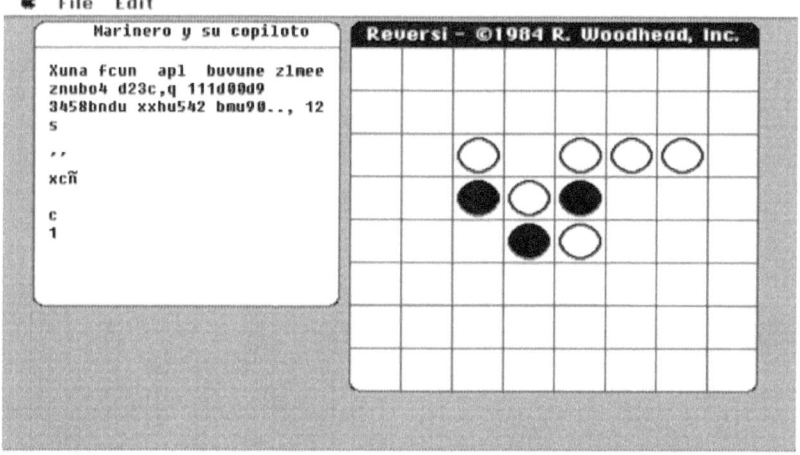

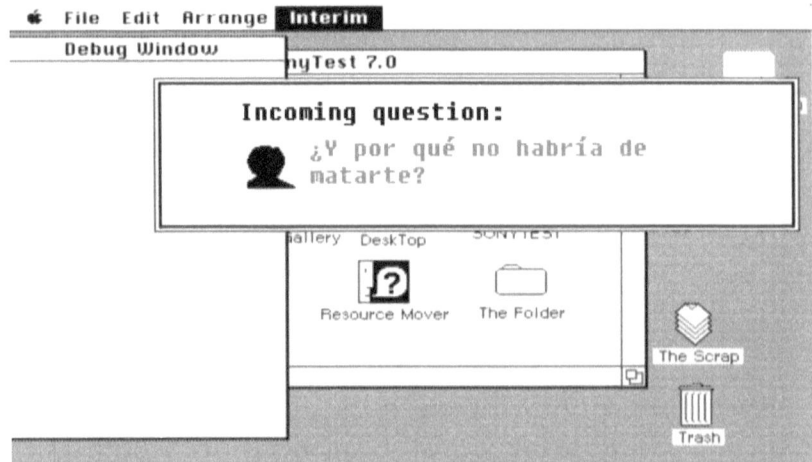

Otras publicaciones de Argus-*a*:

Alicia Montes y María Cristina Ares (compiladoras)
Política y estética de los cuerpos.
Distribución de lo sensible en la literatura y las artes visuales

Gustavo Geirola
El espacio regional del mundo de Hugo Foguet

Domingo Adame y Nicolás Núñez
Transteatro: Entre, a través y más allá del Teatro

Yaima Redonet Sánchez
Un día en el solar, expresión de la cubanidad de Alberto Alonso

Gustavo Geirola
Dramaturgia de frontera/Dramaturgias del crimen.
A propósito de los teatristas del norte de México

Virgen Gutiérrez
Mujeres de entre mares. Entrevistas

Ileana Baeza Lope
Sara García: ícono cinematográfico nacional mexicano, abuela y lesbiana

Gustavo Geirola
Teatralidad y experiencia política en América Latina (1957-1977)

Domingo Adame
Más allá de la gesticulación. Ensayos sobre teatro y cultura en México

Alicia Montes y María Cristina Ares (compiladoras)
Cuerpos presentes. Figuraciones de la muerte, la enfermedad, la anomalía y el sacrificio.

Lola Proaño Gómez y Lorena Verzero / Compiladoras y editoras
Perspectivas políticas de la escena latinoamericana. Diálogos en tiempo presente

Gustavo Geirola

Praxis teatral. Saberes y enseñanza. Reflexiones a partir del teatro argentino reciente

Alicia Montes
De los cuerpos travestis a los cuerpos zombis. La carne como figura de la historia

Lola Proaño - Gustavo Geirola
¡Todo a Pulmón! Entrevistas a diez teatristas argentinos

Germán Pitta Bonilla
La nación y sus narrativas corporales. Fluctuaciones del cuerpo femenino en la novela sentimental uruguaya del siglo XIX (1880-1907)

Robert Simon
To A Nação, with Love: The Politics of Language through Angolan Poetry

Jorge Rosas Godoy
Poliexpresión o la des-integración de las formas en/desde La nueva novela *de Juan Luis Martínez*

María Elena Elmiger
DUELO: Íntimo. Privado. Público

María Fernández-Lamarque
Espacios posmodernos en la literature latinoamericana contemporánea: Distopías y heterotopíaa

Gabriela Abad
Escena y escenarios en la transferencia

Carlos María Alsina
De Stanislavski a Brecht: las acciones físicas. Teoría y práctica de procedimientos actorales de construcción teatral

Áqis Núcleo de Pesquisas Sobre Processos de Criação Artística Florianópolis
Falas sobre o coletivo. Entrevistas sobre teatro de grupo

Áqis Núcleo de Pesquisas Sobre Processos de Criação Artística
Florianópolis
Teatro e experiências do real (Quatro Estudos)

Gustavo Geirola
El oriente deseado. Aproximación lacaniana a Rubén Darío.

Gustavo Geirola
Arte y oficio del director teatral en América Latina. Tomo I México - Perú

Gustavo Geirola
Arte y oficio del director teatral en América Latina. Tomo II. Argentina – Chile – Paragua – Uruguay

Gustavo Geirola
Arte y oficio del director teatral en América Latina. Tomo III Colombia y Venezuela

Gustavo Geirola
Arte y oficio del director teatral en América Latina. Tomo IV Bolivia - Brasil - Ecuador

Gustavo Geirola
Arte y oficio del director teatral en América Latina. Tomo V. Centroamérica – Estados Unidos

Gustavo Geirola
Arte y oficio del director teatral en América Latina. Tomo VI Cuba- Puerto Rico - República Dominicana

Gustavo Geirola
Ensayo teatral, actuación y puesta en escena. Notas introductorias sobre psicoanálisis y praxis teatral en Stanislavski

Argus-*a*
Artes y Humanidades / Arts and Humanities
Los Ángeles – Buenos Aires
2019

www.ingramcontent.com/pod-product-compliance
Lightning Source LLC
Chambersburg PA
CBHW020439220526
45464CB00002B/779